MARISA AGUIRRE

Super Sopas

WITHDRAWN

FOTOGRAFÍA
BECKY LAWTON

COOKED
- BY URANO -

Argentina - Chile - Colombia - España
Estados Unidos - México - Perú - Uruguay - Venezuela

¡GRACIAS!

A Becky Lawton por su creatividad y alegría constante!!
A su adorable equipo: Bjorn, Marian y Sara.
A Fernanda Algorta por el diseño.
A Esther y Rocío de Urano, por hacerlo posible.
A mi equipo base, mis amores, Raúl y Julieta. Y a todos
mis amigos, familia porque son lo más.
¡El amor está en el aire y en las sopas!

Super Sopas

Súpersopas,
de Marisa Aguirre

1ª edición: Marzo 2017

Fotografía y estilismo: Becky Lawton Studio
Ayudante de fotografía: Marian Guma
Postproducción: Bjorn Badetti
Estilismo: Marisa Aguirre
Diseño: Fernanda Algorta
Ilustraciones: Julieta Rodríguez

© 2017, Marisa Aguirre
© 2017, Becky Lawton, por las fotografías
(www.beckylawton.com)

Ediciones Urano, S.A.U.
Aribau, 142, pral. – 08036 Barcelona
www.edicionesurano.com

ISBN: 978-84-7953-965-8
E-ISBN: 978-84-16715-39-8
Depósito legal: B-3.544-2017

Fotocomposición: Ediciones Urano, S.A.U.

Impreso por: MACROLIBROS, S.L.
Polígono Industrial de Argales – Vázquez de Menchaca, 9 – 47008 Valladolid

Impreso en España – *Printed in Spain*

ÍNDICE

"La transformación que tiene lugar en la olla es maravillosa, esencial, sutil y delicada. No se puede expresar en palabras."

I YING 239 A. C.

ELOGIO DE LO SIMPLE

Las sopas tienen la virtud de crear sabores profundos, sutiles y sorprendentes con los ingredientes más simples y naturales. Todas las culturas las han adoptado y adaptado en miles de variantes y combinaciones, según las necesidades y los alimentos de que disponían. No hay evolución de la cultura humana sin evolución de la cocina y de las recetas de ollas. Su origen se asocia al descubrimiento del fuego, cuando el hombre tuvo la necesidad de ablandar con agua hirviendo los alimentos más duros que no podía masticar en crudo. Como el agua de la cocción adquiría el sabor de los productos, se comenzó a consumirla como caldo. Fue así como nacieron las sopas, que han sido en la vida de cada uno de nosotros un alimento clave e imprescindible.

Los platos con cuchara son un ejercicio de transformación e imaginación.

En la actualidad, la comida rápida e industrial gana espacio en nuestro día a día y nos tienta a consumir alimentos ya elaborados con el confuso mensaje de que ganamos tiempo, lo que nos aleja de la costumbre ancestral y saludable de cocinar en casa. Pues bien, las sopas son el más claro ejemplo de que cocinar es mucho más fácil de lo que parece y que no se necesitan más que buenos ingredientes, un poco de intuición y algo de tiempo para experimentar en la cocina. La elaboración de una sopa siempre permite improvisar, incorporar a la olla lo que se nos pueda ocurrir en el momento al dejarnos guiar por los alimentos y sus combinaciones... Una táctica que demuestra que la cocina también es juego y una práctica placentera. El simple acto de cocinarlas es de por sí relajante: una acción simple y repetitiva con la que se obtiene un resultado grandioso. Magia en la cocina.

La idea de este libro es elogiar la simplicidad de un alimento que alegra nuestros sentidos, fortalece y es muy grande en posibilidades, ya que sus combinaciones son casi infinitas... Las recetas que aparecen en las páginas de este libro quieren reivindicar y elogiar estos valores: cocinar en casa, disfrutarlo mucho y valorar cada alimento son formas de aprender sobre el mundo y sobre la naturaleza de las cosas. Aprovechemos todas estas recetas para acercarnos a ellas, las sopas, y dejarnos seducir por el atractivo de lo cercano, de lo humano y de lo maravillosamente simple.

MUCHOS MOTIVOS PARA TOMARLAS

Hay muchas razones por las que nos gustan las sopas. Es un plato simple, auténtico, fundamental y con innumerables cualidades que la han convertido en una opción imprescindible en la cocina. Su elevado contenido en agua y la variedad de alimentos que pueden intervenir en su elaboración permite cubrir las necesidades diarias recomendadas de líquidos y nutrientes en muchas de sus opciones. Además de facilitar a quienes son poco amigos de las verduras, introducirlas en su dieta.

Las sopas recuperan el lugar que merecen, están de moda y siguen siendo una estrella en la mesa. Hay algo más reconfortante que llegar a casa y ver una cacerola en acción en la cocina?

> "En una olla, el agua es el medio transmisor de los sabores, lo que permite que las especias más intensas se vuelvan más suaves. El agua reblandece, combina, equilibra, armoniza y une."

MICHAEL POLLAN,
COCINAR

AYUDAN A EQUILIBRAR LA DIETA

Las sopas permiten reunir en un solo plato alimentos que aportan beneficios diferentes. Cuanta más imaginación pongamos al elaborarlas o más alimentos las integren, más se acercarán al concepto de alimentación variada y equilibrada, sin olvidar el juego de texturas, colores y sabores que permiten.

ECONÓMICAS Y FÁCILES DE PREPARAR

Una de sus mayores virtudes es que se puede hacer una sopa casi de la nada, aprovechando los ingredientes que tienes a mano y la inspiración del momento, pues solo se necesita una cacerola con agua —a la que añadiremos los alimentos precisos—, fuego y muy pocos utensilios: con solo eso, en menos de una hora, o incluso menos, estarán listas para ser consumidas.

GRAN PODER DE APROVECHAMIENTO Y RECICLAJE

Ayudan a no desperdiciar los alimentos y permiten aprovechar ingredientes de la nevera o la despensa: con una sopa, se le puede dar vida a un arroz del día anterior o reciclar verduras o legumbres. Son ideales para la utilización de los tallos u hojas de algunas hortalizas que habitualmente no se emplean, como las hojas de remolacha, col, brócoli o zanahorias entre otras. Las sopas, como puedes ver, brindan muchas posibilidades.

DESPIERTAN LA CREATIVIDAD

Junto con las ensaladas, las sopas permiten improvisaciones, mezclas de colores, sabores o texturas y dar rienda suelta a la imaginación. Y, además, consiguen un efecto de reconciliación con la cocina, ya que siempre quedan bien y no se necesita un atril repleto de recetas para elaborarlas. Se trata de un plato muy agradecido que, si está realizado con buenos ingredientes, siempre resultará agradable al paladar, a la vista y al olfato.

IDEALES EN TODAS LAS ESTACIONES

En verano refrescan y proporcionan todos los beneficios de los alimentos crudos. Se convierten en una alternativa refrescante y ligera para hidratarnos y nutrirnos en los meses de más calor. Recetas como el gazpacho y otras sopas frías permiten recuperar el agua perdida por el calor y regalarnos ingredientes muy necesarios en esta época como frutas, hortalizas... perfectos para mantener nuestra piel en buen estado y protegida del sol. Además, ¡el consumo de este tipo de sopas y cremas vegetales frescas hace que se alcance más fácilmente el objetivo nutricional recomendado de tomar cinco raciones de fruta y verdura al día!

En invierno, las sopas —preparadas con los alimentos de la estación— se convierten en una elección tan apetecible como saludable para afrontar el frío, especialmente si se toman calientes, ya que ayudan a mantener el calor corporal. Además, al estar compuestas principalmente de agua, son ideales para consumirlas cuando las temperaturas bajas suelen limitar el consumo de agua fresca. También en esta época aportan el calor y los nutrientes perfectos para ahuyentar los resfriados. En primavera y en otoño, por otra parte, son las reinas de las dietas depurativas. En definitiva, la sopa es una fórmula con gran poder de adaptación a todas las estaciones y posibilidades.

DEPURATIVAS

Las sopas pueden convertirse en una experiencia depurativa si se elaboran con ingredientes que refuercen y apoyen la capacidad natural del cuerpo, que sabe cómo limpiar e incluso cómo curar, siempre que se le proporcionen los alimentos adecuados.

Los alimentos estrella para esta tarea son, sin duda, las verduras, las frutas, las hierbas aromáticas, las especias, las semillas y los germinados, que tienen cualidades para promover y optimizar esta función corporal.

LIGERAS

Las sopas son la combinación perfecta de muchos nutrientes, pocas calorías y alto contenido en fibra, además de ser una de las mejores opciones para una cena ligera o una dieta de limpieza. Tomar una taza de sopa o caldo antes de comer y a una temperatura más bien caliente provoca sensación de saciedad. Es, por consiguiente, un recurso ideal para incluirlo como primer plato cuando estamos a dieta; eso sí, escogeremos ingredientes ligeros y muchas verduras para obtener cantidades óptimas de potasio para eliminar el exceso de líquido y favorecer la alcalinidad indispensable para eliminar toxinas y bajar de peso. Las sopas son, así, un alimento perfecto para aligerar la silueta, nutren, sacian y drenan.

ENERGÉTICAS

Las sopas pueden llenarnos de energía a partir de la utilización de alimentos que tienen la cualidad de estimular el organismo: legumbres, algunos cereales, frutos secos, algas o especias, entre otros, tonifican y ayudan a recargar las pilas después de un día agitado.

LLENA DE VITAMINA A,
VITAMINA K Y ÁCIDO
FÓLICO. ES ENERGIZANTE,
ANTIINFLAMATORIA
Y DESINTOXICANTE.

NUTRITIVAS E HIDRATANTES

En cada sorbo bebemos los nutrientes naturales de hojas, raíces, verduras, legumbres o cereales que contienen vitaminas, minerales y proteínas, que se potencian entre sí al mezclarse. Por eso es recomendable no exagerar con la temperatura ni el tiempo de cocción, para preservar sus cualidades intactas.

Las sopas están compuestas principalmente por agua, de ahí que sean una fuente hídrica inigualable. Por tanto, aunque existen muchas variedades de sopas, el denominador común de todas ellas es su gran aporte hídrico y nutritivo.

DIGESTIVAS

Tanto las sopas como las cremas o purés entran dentro del grupo de alimentos predigeridos, cuyo proceso de digestión es menos costoso: los alimentos —que contienen, por lo general, fibra y valiosos nutrientes— se cuecen y, al ablandarse, cuestan menos de masticar y digerir. La sopa contribuye al hábito de comer despacio, con tranquilidad, de tomarse un mínimo de tiempo..., algo que repercute en una mayor digestibilidad y una mayor atención a nuestra alimentación.

TERAPÉUTICAS

Es importante recordar que tenemos una farmacia en la cocina. Alimentos como el ajo, la cúrcuma, el jengibre, la cebolla, el shiitake, el perejil, el tomillo o el orégano, entre otros muchos, son poderosos antivirales y antibacterianos que ayudan a reducir inflamaciones, eliminar toxinas, estimular el sistema inmunológico y revitalizarnos.

Por otro lado, hay que destacar que los caldos conservan todo el contenido alcalino y equilibrante de las verduras. Así, mientras que el exceso de acidez reduce la capacidad de nuestras células para absorber nutrientes al proporcionar la acumulación de toxinas y la aparición de muchas dolencias, mantener nuestro cuerpo ligeramente más alcalino es esencial para que los mecanismos inmunológicos funcionen mejor.

Recurrir al poder de algunos alimentos para mejorar la salud es una tradición que deberíamos mantener y poner en práctica de forma constante: elaborar sopas con ellos será un medio de degustar sabores únicos y de beneficiarnos de propiedades saludables que notaremos por dentro y por fuera.

"Cuando estás cocinando, no solo estás cocinando, no solo estás trabajando con los alimentos: también estás trabajando contigo. En términos de práctica, la comida nos cocina a nosotros, nos permite desarrollar atención y conciencia."

EDUARD BROWN,
HOW TO COOK YOUR LIFE

EL MEJOR
NUTRICIONISTA
ERES TÚ

La atención interior es una práctica poco habitual desde el punto de vista de la alimentación. Hay mucha información, muchas escuelas y también demasiadas religiones alimentarias, lo que hace que sea más fácil seguir recorridos guiados que detenerse y prestar atención a nuestro propio cuerpo. Se trata de ir por dentro, ya que adoptar fórmulas externas no siempre concuerda con lo que necesitamos.

A este exceso de información externa se suma la falta de tiempo para comprar y el estar poco presentes en la cocina; cosa que nos desconecta de una alimentación simple, equilibrada y con productos naturales.

Cada persona es única y tiene una capacidad digestiva y de asimilación diferente. Por tanto, posee necesidades nutritivas distintas, puesto que lo que funciona para unos no necesariamente lo hace para otros. Asimismo, en función de la estación o las circunstancias de cada persona, pueden necesitarse diferentes tipos de alimentos. La atención, la flexibilidad y la capacidad de adaptarse ayudan a otorgar un sentido propio a la nutrición.

La parte positiva es que todo es mucho más sencillo de lo que se dice y se cree. Aunque estemos instalados desde hace mucho tiempo en hábitos alimenticios que no nos favorezcan, estos se pueden corregir con decisión, tiempo y algunas pautas que nos permitan romper el impulso de consumir determinados alimentos y encontrar las razones de los antojos con facilidad.

Elige alimentos frescos, limpios y de colores, y cocínalos con atención y alegría.

Deberíamos preguntarnos con más frecuencia qué es lo que comemos y por qué, ya que los patrones dietéticos revelan mucha información sobre nosotros. Por otro lado, también es importante reforzar la convicción de que no todo es genético y saber que si cambiamos la manera de comer, nuestra vida cambia y desaparecen muchas de nuestras dolencias. El bienestar en casi todos los aspectos depende, la mayoría de las veces, de las elecciones que hagamos.

El mejor nutricionista eres tú, porque sabes qué alimentos te sientan bien y cuáles te generan malestar o bajones de energía. Agudizar la observación, aunque sin exagerarla, ayuda a identificar los hábitos que afectan a nuestro organismo y a nuestro estado de ánimo. Es el punto de partida que sirve para cambiarlos.

Hacer un poco de limpieza es una de las fórmulas más efectivas y casi inmediatas para mejorar la digestión, bajar de peso, iluminar la piel, despejar la mente, mejorar el ánimo y aumentar la energía.

Los semiayunos a base de un solo alimento forman parte de tradiciones religiosas y medicinales ancestrales y son el manifiesto de la medicina higienista desde su origen. A la pregunta de por qué desintoxicarnos si el cuerpo es capaz de hacerlo solo, la respuesta es muy sencilla: básicamente, porque nos ensuciamos.

Son muchas las causas que contribuyen a que esto suceda: la escasa digestibilidad de algunos alimentos, comer en exceso o durante todo el día, la contaminación ambiental, el estrés, los tóxicos y otros factores que colapsan las vías de eliminación y merman la función digestiva.

Los períodos de limpieza o de pausa en el consumo permiten a los órganos encargados de realizar esta función en el cuerpo —el hígado, los intestinos y los riñones—, trabajar sin sobresfuerzo, sanearse, mejorar y revitalizarse.

Para quienes se pregunten acerca de si es preferible un semiayuno a base de zumos o si es mejor hacerlo con sopas, cabe destacar que ambos se complementan y pueden dar respuesta a nuestra capacidad digestiva en cada momento o temporada.

El cuerpo necesita serenidad y energía para limpiarse, por tanto, siempre hay que escoger la manera de hacerlo que se adapte a cada constitución y estilo de vida. Hay que encontrar el equilibrio, en suma.

En cualquier caso, cabe tener siempre presentes las palabras de Alexi Suvorin: "El cuerpo sabe curarse a sí mismo y lo mejor que podemos hacer es dejarlo hacer, procurando ser lo menos intervencionistas posible".

LA LIMPIEZA PERMITE ABANDONAR, SOLTAR Y DEJAR IR TOXINAS FÍSICAS Y EMOCIONALES.

PRACTICA EL SOUPING

Darle al organismo un solo tipo de alimento para digerir es algo que le proporciona un merecido descanso y la oportunidad de recuperar el silencio digestivo —además de producir efectos positivos en el peso—. Es algo así como una jornada de reflexión donde podemos observar nuestra relación con la comida, el apego a determinados alimentos o, simplemente, seguir nuestro instinto de limpieza después de algunos días de excesos. Es en estas ocasiones cuando se descubre que es posible cambiar algunos hábitos por otros más saludables.

Intentar bajar de peso y seguir algunas pautas para conseguirlo no debería perseguirnos, aburrirnos o culpabilizarnos, sino todo lo contrario: puede convertirse en un propósito divertido, sabroso y hasta diferente cada día si le dedicamos un poco de tiempo, paciencia y ponemos toda la atención en los deseados beneficios. Experimentar es la clave.

Todo lo que se consiga a través de la alimentación es muy importante y decisivo, aunque también debe apoyarse en otros pilares fundamentales y complementarios, como la práctica de ejercicio físico —oxigena, activa y ayuda a conseguir dosis de buen humor— y una rutina de afirmaciones positivas que eleven la confianza en lo que se puede conseguir. Es posible hacerlo, solo hay que ponerlo en práctica. Y en este contexto, las sopas tienen muchas cualidades que son de gran ayuda para este proceso, dado que le proporcionan al cuerpo lo que necesita, avivan la fuerza digestiva, son creativas, deliciosas y fáciles de hacer. Siempre es bueno tomarse un día libre: nuestro sistema digestivo nos lo agradecerá.

TRES MANERAS DE PRACTICAR EL SOUPING

1. Tomar sopas y caldos en todas las comidas (4) durante un día.

2. Sustituir la cena por un plato de sopa ligera.

3. Tomar una taza de caldo vegetal antes de cada comida; un recurso más que interesante para evitar antojos posteriores.

EL SECRETO ESTÁ EN EL CALDO

Las recetas de sopas admiten todo tipo de combinaciones de alimentos y variantes en sus preparaciones, aunque el secreto de su éxito radica en el caldo.

Un simple caldo puede convertirse en sopa a partir de algunos ingredientes que modifican su ligereza y le dan consistencia.

Alimentos sólidos: Pastas y arroces, setas, verduras, algas, pollo, pescado y las clásicas legumbres que le dan un punto de sabor incomparable.

Espesantes: Harinas de arroz, de yuca o de legumbres, pan, patatas, agar-agar, copos de avena, almendras o avellanas picadas y féculas. Este tipo de ingredientes le proporcionarán a la sopa una consistencia más cremosa.

Grasas: Aceites vegetales, mantequilla de calidad... que vehiculizan los alimentos y que, utilizados en exceso, aumentan las calorías.

Aromatizantes: Sal, especias, hierbas aromáticas, ajo, cebolla, lima, salsa de soja, zumo de limón...

Picatostes o tropezones: Hechos en casa, con dados de pan horneados o salteados con un aceite aromático o especias.

El caldo base DE VERDURAS

El caldo de verduras es una preparación simple pero esencial en la cocina para enriquecer arroces, guisos u otras sopas. Es el comienzo de toda alquimia y el inicio de la transformación de lo simple en lo complejo.

Los imprescindibles: Cebollas, nabos, chirivías, zanahorias, apios y puerros. A esta lista se le pueden añadir calabaza, patata, col, setas..., procurando siempre utilizar alimentos de temporada.

El corte: Es recomendable cortar las verduras en trozos pequeños, así aumenta la superficie de contacto con el agua y maximiza la extracción del sabor de cada una de ellas.

El agua: Es el elemento esencial para la alquimia de los ingredientes: a más agua, sabores más ligeros; menos agua, sabores más concentrados. Y ante la pregunta de si es mejor empezar la cocción con agua fría o con agua caliente, cabe decir que es a partir del agua fría como se consiguen extraer los mejores sabores y que conviene ir aumentando gradualmente la temperatura de cocción.

La temperatura: A partir del agua fría, como se ha mencionado más arriba, se deberá ir aumentando gradualmente la temperatura de cocción, hasta llevarla casi a su punto de ebullición. Cuando aparezcan las primeras burbujas, habrá que reducir la temperatura para evitar que hierva y que así se pierdan los sabores y los nutrientes delicados de las verduras y del resto de los ingredientes.

El movimiento: Se debe ir removiendo el caldo de vez en cuando y preferiblemente con una cuchara de madera, para mezclar bien los ingredientes, las densidades y los sabores.

El tiempo: Una cocción a fuego lento y sostenido ayuda a extraer la mejor calidad y sabor de los alimentos. En cambio, cocinarlos durante mucho tiempo provoca que los ingredientes se deterioren y el caldo se vuelva amargo. En resumen, nunca más de una hora de cocción, sabiendo que los vegetales se cuecen en un tiempo comprendido entre 30 y 40 minutos.

Colado o filtrado: Para conservar el caldo en la nevera o en el congelador, lo primero que hay que hacer es colarlo; así se evita la oxidación de las verduras. Luego hay que dejarlo enfriar a temperatura ambiente antes de almacenarlo y guardarlo, para evitar su fermentación y deterioro.

CÓMO CONSERVAR LOS CALDOS Y SOPAS

El caldo es una receta fácil de conservar en la nevera, aunque lo más aconsejable es congelarlo y así tenerlo listo para cuando lo necesitemos. Es recomendable preparar más cantidad, ya que el tiempo de cocción empleado será el mismo y lo tendremos disponible para cualquier momento. Para congelarlo, lo primero que debemos hacer es colarlo y limpiarlo para luego ponerlo a hervir hasta que se reduzca a la mitad. Después hay que dejarlo enfriar y envasarlo en recipientes de tamaño adecuado. Para descongelarlo, es suficiente con cocerlo a fuego lento con un vaso de agua.

En cuanto a las sopas, antes de congelarlas debemos enfriarlas rápidamente para poder retirarles la grasa en el caso de que las contengan y evitar así que se vuelvan rancias. Es posible mantenerlas en el congelador hasta tres meses, aunque esto depende bastante de los ingredientes que lleve la receta. Así, las que incluyan pasta, arroz u otros cereales no toleran la congelación, dado que estos productos pierden sus cualidades rápidamente tras cocinarse.

Al descongelarlas, debemos colocar el recipiente cerrado bajo el chorro del agua tibia. A continuación, verter el contenido en una cazuela y cocerlo a fuego lento, añadiendo un vasito de agua para restarle densidad.

EL PUNTO DE SAL

Como en todas las comidas, es necesario encontrar el punto de sal ideal y equilibrado. El exceso de sal o sodio promueve dolencias cardíacas y circulatorias, aumenta la retención de líquidos, dificulta el buen funcionamiento de los riñones y de los pulmones. Aconsejamos usar preferiblemente sal marina natural, sal del Himalaya u otro tipo de sales que no hayan sido tratadas ni refinadas. Es preferible optar por aderezar las sopas con especias y/o hierbas aromáticas con el toque justo de sal.

OPCIONES CREATIVAS

Las sopas son un lienzo en blanco que pide a gritos un toque final de colores, sabores y texturas. Elaborarlas es un ejercicio divertido que permite ir desde lo simple a lo más sorprendente, hasta crear un plato atractivo y delicioso.

ATRÉVETE CON LOS TOPPINGS

SON LA GUINDA FINAL PARA ENRIQUECER O PARA TRANSFORMAR UNA SOPA EN UNA SORPRESA.

Frutos secos y semillas: Aportan vitaminas, minerales y textura crujiente. Se han de activar remojándolos en agua 45 minutos antes de agregarlos partidos. Otra opción es tostarlos ligeramente con un punto de miel o aceite aromatizado.

Germinados y brotes: Están repletos de enzimas, minerales, vitaminas y, sobre todo, de sabores diferentes y contrastados que añaden vida a un plato caliente. Se han de agregar justo antes de servir.

Hierbas y especias: Las hierbas aromáticas como el perejil, el cilantro o la albahaca siempre mejoran y alegran una receta. La cúrcuma, el jengibre, el chile o el comino le proporcionan chispa, poderes y profundidad de sabor a muchas sopas.

Flores comestibles: Además de darle belleza y color a un plato de sopa, las flores añaden de manera sutil aromas y beneficios saludables. Chips de verduras: Tiras de boniato, calabaza, remolacha o kale, por ejemplo, son complementos crujientes y sorprendentes que remplazan perfectamente a las rodajas de pan. Se han de preparar pintadas con aceite de oliva y horneadas a 150 °C hasta que estén crujientes.

Hojas verdes: Acompañar una sopa con hojas de rúcula, berros, diente de león o endivias, le proporciona el punto amargo, crujiente y digestivo para complementarla.

Yogur y kéfir: Son dos alimentos fermentados que aportan frescura y cremosidad a un plato de sopa o una crema de verduras. El kéfir de leche o de agua favorece muy especialmente la salud intestinal por su gran riqueza en probióticos.

"En lugar de pensar qué hacer para la cena, pon una olla grande en la hornalla, enciende el fuego, y en cuanto se esté poniendo bien caliente, empieza a pensar en qué cosas meter dentro."

TAMAR ADLER

VERDURAS
FERMENTADAS,
ALIMENTOS
VIVOS

Los alimentos fermentados y sus cualidades probióticas influyen positivamente sobre el sistema inmune, la función cerebral y el estado de ánimo.

LAS VERDURAS FERMENTADAS, ALIMENTOS VIVOS

Son un complemento interesante para sumar a las sopas con grandes cualidades desintoxicantes por la concentración de lactobacilos que poseen. Mejoran nuestra digestibilidad y, además, producen numerosas enzimas y sustancias antibióticas. El ácido láctico que se genera en la fermentación mantiene en perfecto estado los alimentos y promueve el crecimiento y el mantenimiento de una flora intestinal sana que ayuda a eliminar los metales pesados y otras toxinas del organismo.

Material:

Para prepararlas se necesita:
Un frasco de cristal de boca ancha y con cierre hermético.
Un surtido de verduras: Col verde (70%), col roja, zanahorias y calabacín en cantidad necesaria como para llenar el frasco de cristal elegido.
1 litro de agua y 50 g de sal marina.

Preparación:

Cortar las verduras en tiras finas con mandolina o rallarlas y ponerlas en el frasco. Mezclar previamente en un bol el agua con la sal hasta que esta se disuelva. Cubrir las verduras con el agua y empujarlas un poco hacia abajo con la mano de un mortero para extraer su jugo y tapar.
Guardar en un lugar fresco y oscuro. La fermentación se realiza entre tres y siete días, dependiendo de la temperatura ambiente —en verano, por ejemplo, las verduras fermentan más rápido—.
A partir del tercer día, se ha de ir probando el sabor y la consistencia que se desea. Una vez abierto el frasco, hay que conservarlo en la nevera. Se pueden utilizar como *toppings* o como acompañantes de las sopas o los caldos.

ACEITES AROMÁTICOS, EL TOQUE FINAL

SON LA PINCELADA PARA UNA SOPA, FÁCILES DE PREPARAR Y CON SABORES MUY DIFERENTES.

Se trata de preparados con una base de aceites de calidad a los que se agregan, mezclándolos, hierbas frescas, especias o frutas. Se dejan macerar durante unos días. El aceite más utilizado es el de oliva virgen, que aporta un punto de sabor muy especial. En cambio, el aceite de girasol, al ser más neutro, admite otro tipo de ingredientes como, por ejemplo, el macerado con frutos secos.

Hay tres formas diferentes de prepararlos

Clásica: Lavar y secar muy bien las hierbas aromáticas frescas para asegurarse de que no queden bacterias en los restos de agua. Introducir las hierbas en el frasco de almacenamiento, presionarlas ligeramente y cubrirlas con aceite de oliva. Cerrarlo bien y guardarlo en un lugar oscuro y fresco. El tiempo de reposo dependerá del sabor más o menos intenso que se desee conseguir.

Emulsionado: Licuar en batidora o túrmix las hojas de perejil, el cilantro, el cebollino o las especias molidas con el aceite y luego colarlo con un paño o gasa. En este caso, debe utilizarse inmediatamente.

Infusionado: Se coloca el frasco que contiene el aceite y los ingredientes aromatizadores al baño María a fuego muy bajo durante 40 a 50 minutos. Se enfría fuera del agua y ya está listo para su utilización. Cuanto más se tarde en utilizar, más se intensificará el sabor.

10 TIPS

PARA QUE UNA SOPA QUEDE PERFECTA

1

1. Si utilizamos agua mineral, mucho mejor. Además, debemos asegurarnos de que el líquido sea suficiente para que la sopa no quede demasiado espesa.

2

2. Buscar el equilibrio entre los ingredientes imaginando de antemano qué sabores producirán en el gusto del comensal. Es aconsejable que no sean ni excesivamente dulces, ni demasiado picantes, ni muy amargos ni insulsos en exceso.

3

3. La elaboración de la mayoría de las sopas comienza con un ligero rehogado de las verduras de base, pero hay que evitar que se doren para que no pierdan suavidad. En algunas sopas como las de tomate, calabaza u otras, asar las verduras les proporciona un sabor más intenso y caramelizado.

4

4. La sal es mejor añadirla al principio, ya que esto facilita y acelera la salida de los jugos, aunque hay que rectificarla durante la cocción.

5

5. La calidad y frescura de los ingredientes, así como su limpieza y el hecho de que sean de temporada garantizan el éxito de una preparación. Las verduras de temporada tienen toda la fuerza de lo que la naturaleza ofrece en cada estación. Añadiremos primero las más consistentes o duras y, al final, las que necesitan menos tiempo de cocción.

6

6. Las verduras de sabor más fuerte, como la col, deben cocinarse a fuego lento porque tienden a adquirir un sabor amargo cuando se las somete a altas temperaturas.

7

7. En el caso de incluir leche o nata (ambas pueden ser de procedencia animal o vegetal, debe hacerse en el último momento, fuera del fuego, y con moderación, para que no anulen el sabor de los demás ingredientes.

8

8. Si la sopa ha quedado muy salada, podemos añadir unos trozos de patata o de nabo o un trozo de pan, y dejarla cocer unos minutos más: absorberán la sal sobrante.

10

10. Añadir un poco de acidez al final, como unas gotas de limón o lima, ilumina y suaviza los sabores. También resulta muy interesante darle un toque fresco y crujiente en el último momento con diferentes toppings: le proporcionará texturas atractivas, la llenará de color y sabor y más sabor...

9

9. Hay que desespumar varias veces la sopa cuando se utilizan carnes para dejarla sin las impurezas que se concentran en la superficie, retirando la espuma que se forma en la superficie y en los bordes. Así, esta tendrá un sabor limpio y se apreciarán mejor sus ingredientes.

TERAPÉUTICAS: ALIMENTOS PROTECTORES

Las sopas permiten combinar alimentos
que aumentan las defensas; en algunas
ocasiones, actúan como auténticas medicinas
y, en otras, ayudan a prevenir algunas dolencias.

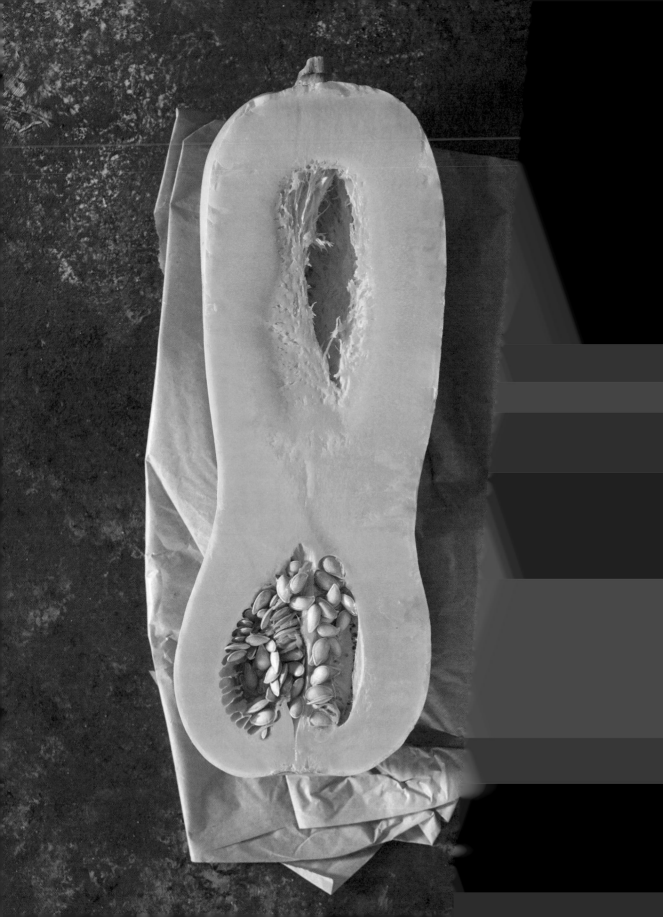

Sopa de ajo

Ante un resfriado, una de las mejores cosas que puedes hacer es descansar y tomar un bol de sopa de ajo, un remedio que lo cura casi todo...

PARA 4 PERSONAS

INGREDIENTES
25 dientes de ajo
2 patatas medianas
5 dientes de ajo negro (opcional)
800 ml de caldo vegetal
1 trozo pequeño de pimiento rojo
1 pizca de pimentón
Perejil
Aceite de oliva virgen
Sal marina

PREPARACIÓN
Pelar los dientes de ajo y ponerlos en una olla con un par de cucharadas de aceite de oliva a fuego suave. Remover constantemente hasta que estén casi dorados, sin tostarse.

Pelar y lavar las patatas y cortarlas en trozos pequeños, añadir a la olla con los ajos, mantener el fuego suave, agregar la pizca de pimentón y remover unos minutos para que se empapen bien del sabor.

Agregar el caldo vegetal y dejar cocinar unos 30 minutos más.

Pasar la preparación por la licuadora o el túrmix y servir con un poco de perejil picado, el pimiento rojo cortado en dados muy pequeños y los dientes de ajo negro picados.

TIP
Puedes preparar la base de esta sopa escalivando un par de cabezas de ajos. Se retira la pasta interior y se la añade al caldo con las patatas.

Sopa de azukis y algas

Las azukis aumentan la vitalidad y son una auténtica medicina para los riñones. Muy fáciles de digerir, combinadas con algas aumentan sus cualidades depurativas.

PARA 4 PERSONAS

INGREDIENTES

300 g de azukis
200 g de calabaza
1 zanahoria
2 tomates maduros
1 puerro
2 cebollas

1 cdta. de algas arame
Jengibre fresco
Perejil
1l de agua
Aceite de oliva
Sal marina
Pimienta

PREPARACIÓN

Remojar las azukis durante 8 horas. Cocinarlas durante 45 minutos a fuego lento con media cebolla, un tomate, sal y unas hojas de perejil.

Cortar el resto de la cebolla, el puerro limpio y la zanahoria cortados en dados pequeños.

Rehogar todo en una sartén con un poco de aceite y el jengibre fresco. Después de unos minutos, añadir el tomate cortado y saltear durante unos 15 minutos.

Agregar la calabaza cortada en cubitos, remover unos minutos y añadir el salteado a la cacerola con las azukis ya cocinadas. Añadir un poco más de agua y cocinar unos 10 minutos, hasta que la calabaza esté tierna.

Antes de servir, agregar y mezclar las algas. Dejar reposar un par de minutos.

TIP

Remoja las algas arame en medio vaso de agua durante 10 minutos.

Sopa de berros y lentejas rojas

La combinación de berros y lentejas garantiza un subidón de hierro y energía en poco tiempo, ya que juntos se asimilan con más facilidad.

PARA 4 PERSONAS

INGREDIENTES
200 g de berros
150 g de lentejas rojas
1 cebolla roja
1 puerro
1 pizca de curry
750 ml de agua mineral
Aceite de oliva
Sal marina

PREPARACIÓN
Limpiar el puerro y cortarlo en rodajas finas; cortar también la cebolla en dados pequeños.

Saltearlos en una cazuela con unas gotas de aceite, añadir la sal, el curry y rehogar durante unos minutos. Agregar las lentejas previamente lavadas.

Cubrir con agua y cocinar hasta que las lentejas estén tiernas; casi al final de la cocción añadir los berros y apagar el fuego. Dejar reposar un par de minutos.

Esta sopa puede pasarse por la licuadora o un túrmix, o tomarla tal cual, acompañándola con un puñado de berros frescos.

TIP

Asegúrate de lavar muy bien los berros; es conveniente dejarlos en remojo unos minutos y enjuagarlos bien.

Sopa de cebolla y cúrcuma

La cebolla es un ingrediente esencial en todas las sopas. Los beneficios que aporta en la cocina son proporcionales a sus virtudes como alimento medicinal.

PARA 4 PERSONAS

INGREDIENTES
700 g de cebollas
1 l de caldo vegetal
1 patata pequeña
1 cdta. de cúrcuma
1 rama de tomillo fresco
Aceite de oliva virgen
Sal marina

PREPARACIÓN
Pelar y cortar las cebollas en juliana, rehogarlas en una cacerola con un par de cucharadas de aceite de oliva a fuego suave.

Añadir la sal y mantener el salteado suave hasta que la cebolla esté casi dorada y bastante caramelizada.

Agregar la cucharadita de cúrcuma, la patata cortada en láminas muy finas y la rama de tomillo fresco. Remover bien un par de minutos.

Añadir el caldo vegetal, subir un poco el fuego y cocinar unos 30 minutos más a fuego suave.

Puede triturarse parcialmente o tomarla tal cual. Servir con rebanadas de pan tostado frotado con ajo, aceite de oliva y perejil picado.

TIP
Esta sopa es un remedio excelente para limpiar los pulmones, ya que tiene un efecto broncodilatador y mucolítico.

Sopa de pollo y verduras

Un humeante plato de esta sopa puede aliviar muchos síntomas. El colágeno de la gelatina del caldo refuerza el organismo.

PARA 4 PERSONAS

INGREDIENTES

1/2 pollo orgánico
1 cebolla
1 patata
3 zanahorias
2 tallos de apio
2 dientes de ajo
1 l de agua

Tomillo fresco
Perejil
1 puñado de almendras (opcional)
Aceite de oliva virgen
Sal marina
Pimienta en grano

PREPARACIÓN

Pelar y cortar la cebolla, las zanahorias, la patata, los ajos y las ramas de apio.

En una cacerola con un poco de aceite, rehogar ligeramente todas las verduras.

Añadir el pollo cortado en trozos, sazonar y cubrir con agua. Llevar a ebullición y bajar el fuego. Cocinar a fuego lento hasta que el pollo esté cocido y empiece a deshacerse.

Retirar el pollo, desmenuzarlo y reservarlo.
Desgrasar el caldo y volver a calentarlo a fuego muy suave incorporando el pollo desmenuzado.

Servir con un toque de pimienta recién molida, unas hojas de tomillo fresco o una picada de almendras tostadas, perejil y ajo.

TIP

El colágeno en forma de gelatina que se libera en este caldo actúa como recuperador del intestino, como antiinflamatorio en las articulaciones y, asimismo, ayuda a la formación y regeneración de los huesos.

Sopa de shiitake y boniato

El shiitake es una seta que aumenta la fuerza vital y tiene un sabor delicioso que combina de maravilla con el dulzor del boniato.

PARA 4 PERSONAS

INGREDIENTES

250 g de setas shiitake frescas
3 boniatos
1 puerro
1 cebolla
Jengibre (opcional)
800 ml de caldo vegetal
Hebras de chile
Aceite de oliva virgen
Sal marina

PREPARACIÓN

Pelar el puerro y la cebolla, cortarlos en trozos pequeños y colocarlos en una cacerola con un par de cucharadas de aceite de oliva. Sazonar y rehogar ligeramente.

Limpiar las setas frescas con un pincel, quitarles el tallo, evitando lavarlas con agua. Añadirlas al salteado y cocinar unos 5 minutos. Sazonar.

Lavar y cortar los boniatos en dados pequeños y agregarlos a la preparación. Remover un par de minutos y añadir el caldo vegetal.

Cocinar unos 20 minutos más hasta que el boniato esté tierno. Añadir una cucharadita de jengibre rallado en este momento si se desea.

Servir con unas hebras de chile por encima.

TIP

El shiitake es medicina en la cocina, siempre va bien tener un puñado de estas setas para añadir a sopas, salteados o infusiones y alejar, así, los resfriados.

LIGERAS: MIMAR LA SILUETA

Las ventajas de cuidar la silueta con la ayuda de las sopas son muchas: evitan la sensación de hambre, aumentan el bienestar y proporcionan la energía suficiente para mantener activo el metabolismo.

Sopa de guisantes y judías

Terapia de color en el plato, una sopa dulce y deliciosa y una excelente fuente de proteínas verdes.

PARA 4 PERSONAS

INGREDIENTES

700 g de guisantes
100 g de judías verdes
2 cebollas tiernas
1 diente de ajo
750 ml de agua
10 hojas de menta picadas
Aceite de oliva virgen
Aceite de remolacha
Sal marina

PREPARACIÓN

Cortar las cebollas tiernas y, el ajo, y rehogarlos en una cacerola con un par de cucharadas de aceite de oliva hasta que empiecen a cambiar de color.

Añadir el agua, la sal, llevar a ebullición y bajar el fuego. Cocinar durante 10-15 minutos.

Agregar los guisantes pelados y las judías cortadas en tiras muy finas y cocinar a fuego lento durante 15 minutos más.

Incorporar la menta, triturar y rectificar de sal. Servir cada plato con unas gotas de aceite de remolacha.

TIP

Los guisantes tienen bastante fibra y efecto saciante, a pesar de ser muy ligeros.

Crema de zanahoria y cítricos

Las zanahorias dan mucho juego y alegría en la cocina, porque son saludables e indispensables en cualquier tipo de receta.

PARA 4 PERSONAS

INGREDIENTES
600 g de zanahorias
100 g de calabaza
1 cebolla
1 naranja
1 cdta. de jengibre fresco
1 cdta. de cúrcuma fresca
800 ml de agua
1/2 vaso de agua de coco
Aceite de oliva
Sal marina
Pimienta

PREPARACIÓN
Cortar la cebolla y rehogarla ligeramente con el jengibre rallado y la cúrcuma en una cacerola con un par de cucharadas de aceite de oliva, hasta que transparenten.

Lavar, pelar y cortar en rodajas las zanahorias y en trozos pequeños la calabaza, y añadir a la preparación. Tapar la cacerola y cocinar un par de minutos.

Agregar el agua, llevar a ebullición y bajar el fuego. Cocinar hasta que las zanahorias estén tiernas. Antes de triturar, agregar el zumo de la naranja, el agua de coco, rectificar de sal y añadir una pizca de pimienta.

TIP
Puedes servir esta sopa con un puñado de cilantro o albahaca picada y algunas almendras crujientes con unas gotas de aceite picante. Añade más naranja para acentuar el sabor. Si no tienes naranjas, puedes utilizar mandarinas. Otra versión de esta crema consiste en asar primero las zanahorias, incorporarlas al salteado y seguir los pasos siguientes.

Crema de coliflor e hinojo

Las especias le dan a la coliflor una vida diferente, además de hacerla más digestiva y sabrosa.

PARA 4 PERSONAS

INGREDIENTES

600 g de coliflor
1 chirivía
1 cebolla
1/2 diente de ajo
1/2 hinojo pequeño
1 cdta. de jengibre fresco

1 pizca de comino
1 pizca de pimentón
800 ml de agua
Aceite de oliva
Sal marina
Pimienta rosa

PREPARACIÓN

Pelar y cortar la cebolla, la chirivía y el hinojo. Lavar la coliflor y cortarla en trozos, incluso sus hojas.

Saltear en una cacerola la cebolla y el medio diente de ajo con un par de cucharadas de aceite durante 3 minutos. Añadir la coliflor, la chirivía, el hinojo, las especias y la sal.

Mezclar bien durante un par de minutos y agregar el agua. Llevar a ebullición y bajar el fuego.

Cocinar a fuego lento durante 20 minutos. Añadir una pizca de pimienta rosa recién molida.

Triturar y rectificar de sal. Servir con unas gotas de aceite de cúrcuma y perejil picado.

TIP

Para una consistencia más cremosa, añade medio vaso de una leche vegetal ligera en consistencia y sabor.

Sopa de espárragos verdes y puerros

Una sopa delicada, sabrosa y digestiva, con los beneficios drenantes de los espárragos.

PARA 4 PERSONAS

INGREDIENTES

500 g de espárragos verdes
2 puerros
1 chirivía
1 l de caldo de verduras
Aceite de oliva virgen
Aceite aromatizado de cebollino (opcional)
Sal marina

PREPARACIÓN

Limpiar los puerros y cortarlos en trozos pequeños junto a la chirivía. Cortar los espárragos quitando la parte del tallo más dura.

Poner los ingredientes en una cacerola con unas gotas de aceite y una pizca de sal, y rehogar durante 10 minutos.

Añadir el caldo vegetal, cocinar a fuego suave otros 15 minutos más, hasta que los espárragos estén al dente.

Triturarla y servirla con unas gotas de aceite de cebollino.

TIP

Para darle más consistencia a esta sopa, añade una cucharada de quinua lavada antes de añadir el caldo o agua. En este caso, es mejor triturarla y servirla con unas rodajas de lima y perejil.

Minestrone ligera

Una versión simple y ligera de la clásica sopa de verduras, ideal para una monodieta.

PARA 4 PERSONAS

INGREDIENTES

1 cebolla	*1 l de agua*
1 puerro	*1 pizca de cúrcuma*
1 diente de ajo	*Perejil*
2 tallos de apio	*Tomillo*
2 calabacines	*Laurel*
2 zanahorias	*Aceite de oliva*
1 tomate	*Sal marina*
100 g de fideos finos de espinaca	*Pimienta*

PREPARACIÓN

Cortar la verdura en cuadraditos y saltearla muy ligeramente en una cacerola grande con una cucharada de aceite de oliva. Agregar el tomillo, el laurel, la cúrcuma, el tomate y mezclar bien. Añadir la sal.

Agregar el agua, retirar la hoja de laurel y llevar a ebullición, bajar el fuego y cocinar unos 40 minutos más.

Agregar los fideos y cocinar hasta que estén al dente.

Servir con perejil fresco.

TIP

La sopa minestrone en su versión tradicional lleva frijoles blancos, patata, guisantes, panceta salteada con la cebolla y, en numerosas ocasiones, se acompaña con pesto.

Sopa de hinojo y manzana

Las cualidades drenantes y digestivas del hinojo y la manzana hacen de esta sopa un plato ideal para una cena ligera y relajante.

PARA 4 PERSONAS

INGREDIENTES

1 hinojo
2 manzanas verdes
1 tallo de apio
1 lima
1 diente de ajo
1 cebolla

1 puñado de menta
750 ml de caldo de verduras o agua
Aceite de oliva
Sal marina
Pimienta

PREPARACIÓN

Cortar la cebolla en cubitos y rehogarla junto al diente de ajo en una cacerola con un poco de aceite, hasta que cambien de color, y añadir la sal.

Incorporar el hinojo, las manzanas y el apio ya cortados en trozos pequeños, remover unos segundos y añadir el caldo.

Cocinar a fuego lento hasta que todos los ingredientes estén tiernos. Rectificar de sal y añadir pimienta.

Agregar la menta y triturar en la batidora o con un túrmix.

Servir con una guarnición de rodajas de manzana al horno.

TIP

Para hacer las manzanas horneadas, corta un par de manzanas golden o de manzanas rojas en rodajas finas, ponlas en una bandeja de horno sobre papel vegetal, píntalas con un poco de limón y hornéalas a 150 °C hasta que estén tiernas.

Sopa de hojas

La sopa, en general, tiene un potencial de aprovechamiento inmenso y esta receta es un buen ejemplo de cómo sacar el máximo rendimiento de los vegetales y conseguir un resultado delicioso.

PARA 4 PERSONAS

INGREDIENTES

350 g de hojas (rabanitos, remolacha, zanahorias, coliflor, etc.)
1 cebolla pequeña
3 cdas. de copos de avena finos
700 ml de agua
1 cda. de salsa de soja
Aceite de oliva
Aceite aromatizado con albahaca (opcional)
Sal marina
Pimienta

PREPARACIÓN

Lavar las hojas y trocearlas.

Rehogar la cebolla en una cacerola con un par de cucharadas de aceite y añadir la sal.

Agregar los copos de avena, remover y saltear durante 1 minuto. Añadir las hojas, mezclar unos minutos y cubrir con agua. Antes de que comience a hervir, bajar el fuego y cocinar durante 20 minutos más.

Añadir la salsa de soja al final. Se puede tomar tal cual o pasarla por la batidora o el túrmix.

Rectificar de sal y añadir pimienta. Servirla con unas gotas de aceite aromatizado de albahaca.

TIP

Escoge hojas de sabor variado, como la mezcla de las hojas de remolacha, zanahoria, coliflor o rabanitos.

Sopa de quinua y tomate

Si necesitas un alimento que te proporcione energía, nutrientes y cuide tu silueta, esta es la quinua en todas sus variedades.

PARA 4 PERSONAS

INGREDIENTES
150 g de quinua
300 g de tomates cherry en rama
2 cebollas tiernas
1 zanahoria
800 ml de agua
Albahaca
1 limón o 1 naranja (la ralladura; para servir)
Aceite de oliva
Sal marina

PREPARACIÓN
Pelar y cortar la zanahoria y las cebollas tiernas en rodajas finas, incluyendo parte de su tallo verde.

Rehogar la cebolla y la zanahoria en una cacerola con una cucharada de aceite. Añadir la sal y saltear un par de minutos.

Añadir los tomates cortados y unas hojas de albahaca, rehogar unos minutos y agregar el agua y la quinua, previamente lavada y bien escurrida.

Remover un momento y cubrir con el agua. Llevar a ebullición y bajar el fuego; cocinar 15 minutos más, hasta que la quinua abra su grano.

TIP
Sírvela con ralladura de limón o naranja.

DÉTOX: SIEMPRE ES UN BUEN MOMENTO

Una buena combinación de verduras esenciales puede ayudarnos a eliminar toxinas.

Crema de brocóli y rúcula

El brócoli contiene mucha fibra, nutrientes y compuestos que ayudan al hígado en su proceso de desintoxicación. Como su sabor es intenso, en esta sopa lo equilibramos con el dulzor de las manzanas.

PARA 4 PERSONAS

INGREDIENTES

1 brócoli
1 puerro
1 cebolla tierna
2 manzanas rojas

1 puñado de rúcula
750 ml de caldo vegetal
Aceite de oliva virgen
Sal marina

PREPARACIÓN

Lavar y cortar las flores del brócoli, separar el tronco grueso para un salteado u otra preparación.

Lavar y cortar el puerro, la cebolla tierna y la media manzana. Rehogarlos unos minutos en una cacerola con aceite de oliva. Sazonar.

Añadir el brócoli, remover unos minutos, agregar el caldo vegetal o el agua y cocinar durante unos 20 minutos más, hasta que esté tierno.

Incorporar unas hojas de rúcula fresca lavadas y secas, y media manzana roja cortada en trozos: le darán un toque fresco y un poco dulce a la sopa. Calentar unos 2 minutos más a fuego muy suave.

Triturar hasta obtener una consistencia cremosa y uniforme. Rectificar de sal y servir.

Como guarnición, cortar una manzana entera en rodajas finas y disponerlas en una bandeja de horno sobre papel vegetal. Hornear a 170 °C hasta que empiecen a cambiar el color.

TIP

Espolvorea una pizca de curry o cúrcuma y comino: suaviza el sabor del brócoli.

Crema de alcachofas y lima

La alcachofa es una verdura repleta de virtudes y beneficios limpiadores. Es un excelente remedio digestivo y protectora del hígado.

PARA 4 PERSONAS

INGREDIENTES

8 alcachofas
2 puerros
1 lima (opcional)
1 limón (el zumo)
1 l de caldo vegetal

Hojas de radicchio
Aceite de oliva virgen
Sal marina
Pimienta rosa

PREPARACIÓN

Lavar y pelar las alcachofas, cortar las puntas de las hojas más duras y dejar la parte tierna. Reservarlas en remojo con agua y limón para que no se oxiden.

Limpiar y cortar el puerro, y rehogarlo en una cacerola con un par de cucharadas de aceite de oliva y una pizca de sal.

Añadir las alcachofas troceadas y un par de hojas de radicchio también en trozos, remover un instante para que se mezclen bien los ingredientes.

Añadir el caldo vegetal y cocinar durante 20 minutos aproximadamente.

Licuar y añadir un poco de zumo de lima. Antes de servir, añadir por encima hojas de radicchio cortadas en tiras.

TIP

Puedes hacer un paté de alcachofas con la misma cantidad de alcachofas hechas al vapor y trituradas con un diente de ajo, un puñado de perejil, el zumo de un limón o medio, sal, unas gotas de aceite de oliva y una cucharadita de sésamo molido opcional.

Crema de remolacha y kéfir

La remolacha es una verdura depurativa, reconstituyente y digestiva que, además, aumenta la absorción de oxígeno en las células. Purifica la sangre, estimula las funciones de limpieza y mejora la piel.

PARA 4 PERSONAS

INGREDIENTES

4 remolachas
2 cebollas
200 g de calabaza
1 puñado de cilantro
200 ml de kéfir

700 ml de caldo de verduras
Aceite de oliva virgen
Sal marina
Pimienta

PREPARACIÓN

Cortar las cebollas y rehogarlas en una cacerola con aceite de oliva hasta que comiencen a dorarse. Añadir la sal.

Lavar la remolacha, pelarla y cortarla en trozos pequeños, incluyendo sus hojas más frescas.

Pelar y cortar la calabaza en trozos y añadirla a la preparación junto a la remolacha. Remover y cocinar unos 10 minutos.

Añadir el caldo de verduras y cocinar durante 30 minutos más a fuego suave.

Pasar por la batidora o el túrmix, rectificar de sal y pimienta, y servir con el cilantro picado por encima. Añadir un par de cucharadas de kéfir en cada plato.

TIP

Añade unas cuantas hojas de ortigas, diente de león u otras hojas amargas que, además de otorgar un toque fresco, contrastarán con el sabor dulce de la remolacha.

Crema de calabaza y jengibre

La calabaza es un alimento excelente para el sistema digestivo. Reduce la inflamación, es expectorante, diurética y laxante. Su energético color naranja nos indica que está llena de betacaroteno.

PARA 4 PERSONAS

INGREDIENTES

800 g de calabaza
1 cebolla
700 ml de caldo de verduras
1 pizca de jengibre fresco
Aceite de comino negro (opcional)
Aceite de oliva virgen
Sal marina

PREPARACIÓN

Pelar y cortar la cebolla en trozos pequeños, saltear un par de minutos en una cacerola con aceite de oliva y sal.

Pelar y cortar en trozos pequeños la calabaza, añadirla a la cacerola con la cebolla y espolvorear otra pizca de sal. Remover, tapar y dejar que se cocine a fuego suave hasta que la calabaza empiece a estar tierna: de esta manera, se cocina sin agua y mantiene mejor su sabor.

Agregar el caldo y cocinar unos 15 minutos más.

Añadir el jengibre fresco rallado. Licuar y servir con unas gotas de aceite de comino negro como opción.

TIP

También puedes preparar esta crema horneando la calabaza hasta que esté tierna y haciendo un puré que se agrega a la cebolla salteada. Se tritura, se añade el caldo de verduras, se cocina otros 7 minutos y se vuelve a licuar.

Crema de boniato

Los boniatos están llenos de sabor y posibilidades en la cocina. Son muy nutritivos, antioxidantes y tienen la virtud de mejorar el ánimo.

PARA 4 PERSONAS

INGREDIENTES

700 g de boniato
1 chirivía
1 cebolla roja
1 diente de ajo
1 pizca de comino entero
1 l de caldo vegetal
1 puñado de cilantro
Aceite de oliva
Sal marina
Pimienta

PREPARACIÓN

Cortar la cebolla y rehogarla junto al diente de ajo en una cacerola con un par de cucharadas de aceite y el comino. Cocinar un par de minutos y sazonar.

Añadir el boniato y la chirivía cortados en cubitos. Cocinar unos 5 minutos con la cacerola tapada.

Agregar el caldo vegetal; antes de que comience a hervir bajar el fuego y cocinar unos 25 minutos más hasta que los boniatos estén tiernos.

Pasar por el túrmix o la batidora hasta obtener una consistencia cremosa.

Servir con una hojas de cilantro o perejil y una pizca de pimienta.

TIP

Otra manera de preparar los boniatos para esta crema consiste en asarlos e incorporarlos a la base de rehogado de la cebolla, el ajo y el comino.

Sopa de kale y manzana

La kale o col rizada es una verdura rica en calcio y vitaminas, y con grandes cualidades desintoxicantes.

PARA 4 PERSONAS

INGREDIENTES

250 g de kale o col rizada
2 manzanas rojas pequeñas
1 cebolla
750 ml de caldo de verduras
Aceite de oliva virgen
Sal marina

PREPARACIÓN

Pelar y cortar la cebolla y una de las manzanas en trozos pequeños. Reservar la otra manzana para los *toppings*.

Rehogarlas ligeramente en una cacerola con dos cucharadas de aceite, remover un par de minutos, agregar la sal y el caldo vegetal. Antes de que comience a hervir, bajar el fuego y cocinar unos 10 minutos más.

Cuando la manzana esté tierna, añadir la kale y cocinar durante unos 3 minutos.

Pasar la sopa por el túrmix o la batidora y mezclar hasta que quede fina.

Servir con *toppings* de manzana fresca cortada en dados pequeños.

TIP

Si el sabor de la kale te resulta muy intenso, es mejor añadir un trozo pequeño de pimiento rojo o media zanahoria a la preparación justo en el momento del rehogado de las verduras para aligerarlo y darle dulzor.

Sopa de perejil y puerros

El perejil, además de ser una hierba imprescindible y sabrosa en la cocina, es una aromática muy depurativa.

PARA 4 PERSONAS

INGREDIENTES
4 puerros
250 g de perejil
1 tronco de apio
750 ml de agua
1 cda. de piñones (para el topping)
Aceite de oliva virgen
Sal marina

PREPARACIÓN
Lavar bien y cortar el apio y los puerros en rodajas pequeñas, ponerlos en una cacerola con el agua, una pizca de sal y una cucharada de aceite de oliva.

Llevar a ebullición, bajar el fuego y añadir el perejil. Cocinar durante 15 o 20 minutos. Agregar más agua si es necesario.

Pasar por la batidora o el túrmix, rectificar de sal y añadir pimienta fresca. Servir con un *topping* de piñones.

TIP
Para darle un poco más de consistencia a la sopa, agrega una patata o un boniato pequeño si lo deseas.

Crema de colinabo y naranja

El colinabo tiene un sabor parecido al nabo y a los tallos del brócoli, aunque bastante más suave. La combinación con la naranja le da un sabor refrescante y dulce.

PARA 4 PERSONAS

INGREDIENTES

500 g de colinabo
1 cebolla
1 zanahoria pequeña
1 naranja
800 ml de caldo de verduras
1 hoja de laurel
Aceite de oliva
Sal marina
Pimienta rosa

PREPARACIÓN

Cortar la cebolla y la zanahoria ya pelada muy finas, y rehogarlas con el aceite en una cacerola con una hoja de laurel. Sazonar.

Pelar y cortar el colinabo en cubitos e incorporarlo a la preparación. Dejar rehogar un par de minutos y quitar la hoja de laurel.

Verter el caldo y cocinar unos 25 minutos más a fuego suave hasta que el colinabo esté tierno; agregar después el zumo de naranja.

Triturar, rectificar de sal y añadir pimienta.

TIP

El colinabo es muy rico en potasio, un mineral indispensable para metabolizar el sodio del organismo y también en vitaminaC.

ENERGÉTICAS: SUPER POWER

Con la energía de las legumbres, los cereales y otros alimentos ricos en proteínas las sopas se completan y transforman en un alimento más sustancioso y saludable, y el más indicado para entrar en calor rápidamente.

Crema de setas

Ligeras, versátiles, con muchos matices y nutrientes,
las setas son un ingrediente imprescindible en la cocina.

PARA 4 PERSONAS

INGREDIENTES
200 g de setas shiitake
150 g de setas salvajes
1 cebolla pequeña
1 diente de ajo
1 puerro
150 g de queso de cabra
Hojas de cebollino
25 g de mantequilla bio
750 ml de caldo o agua
100 ml de nata vegetal (opcional)
Sal marina
Pimienta

PREPARACIÓN
Derretir la mantequilla en una cacerola y agregar la cebolla cortada en
trozos pequeños, el diente de ajo pelado y laminado, y el puerro limpio y
cortado. Rehogar hasta que comience a transparentar. Entonces, sazonar.

Limpiar las setas, cortarles el tallo y añadirlas al salteado; rehogarlas
durante 7 minutos.

Agregar el caldo y cocinar a fuego lento unos 25 minutos. Rectificar de
sal, añadir pimienta, la nata (opcional) y triturar.

Mezclar el queso de cabra con el cebollino picado y servir encima de cada
ración de la crema de setas.

TIP
Puedes hacer esta
crema con champi-
ñones, portobelos
y una cucharada de
setas secas des-
hidratadas si no
encuentras setas
silvestres.

Sopa de albóndigas

Un plato incondicional, y clásico, siempre presente en la mesa en diferentes versiones.

PARA 4 PERSONAS

INGREDIENTES

300 g de pollo orgánico
2 cebollas
2 dientes de ajo
1 cdta. de jengibre rallado
200 g de calabaza o boniato
1 puñado de perejil picado
1 hoja de laurel
500 ml de caldo de verduras

1 huevo bio
Queso parmesano (opcional)
Hojas de albahaca
Rebanadas de pan
Harina
750 ml de agua
Aceite de oliva
Sal marina
Pimienta

PREPARACIÓN

Para las albóndigas:
Mezclar en un bol, el pollo con el jengibre, el perejil y el ajo picados, y el huevo. Salpimentar. Hacer bolitas y pasarlas por harina. Reservar.

Para el caldo:
Cortar la cebolla en cubitos y saltearla en una cacerola con un par de cucharadas de aceite y la hoja de laurel. Añadir la sal.

Cortar la calabaza en cubitos y agregar al salteado junto a las albóndigas. Mezclar cuidadosamente.

Añadir el caldo y cocinar a fuego suave 20 minutos o hasta que estén cocidas.

Servir con albahaca picada, pimienta recién molida, parmesano rallado y, por supuesto, rebanadas de pan.

TIP

Para darle una vuelta latina a esta sopa, agregar dos cucharadas de sofrito de tomate, media cucharadita de comino molido y una pizca de chile fresco. Cuando las verduras de base ya están rehogadas, mezclar bien y agregar las albóndigas y el caldo.

Sopa de tomate y coco

Una combinación nutritiva, energética y con el sabor inconfundible de las verduras al horno y el toque exótico del coco.

PARA 4 PERSONAS

INGREDIENTES

8 tomates de pera
1 hinojo mediano
1 cebolla roja
1/2 pimiento verde
1 taza de cebada precocida (opcional)
750 ml de agua
150 ml de leche de coco
Col verde (topping)
Aceite de oliva
Sal marina
Pimienta

PREPARACIÓN

Limpiar y hornear las verduras a 170 °C hasta que estén tiernas. Cuando estén a temperatura ambiente, pelar los tomates, el pimiento verde, la cebolla y el hinojo.

Poner la verdura en una cacerola, agregar el agua y cocinar a fuego suave durante unos 20 minutos. Añadir la sal.

Verter la leche de coco y triturar. Agregar la cebada si se desea, calentar unos minutos y servir con col verde cortada muy fina por encima, lo que le proporcionará un sabor fresco y crujiente.

TIP

Puedes añadir a esta sopa otro cereal ya cocido, como la quinoa, el arroz u otro que combine con el sabor del tomate y el coco.

Sopa de cebada y pimiento

La cebada es muy beneficiosa para la piel, proporciona energía y está repleta de sustancias beneficiosas.

PARA 4 PERSONAS

INGREDIENTES

1 taza de cebada perlada
1 zanahoria
1 diente de ajo
2 cebollas tiernas
2 cdas. de judías blancas pequeñas (opcional)
2 pimientos del piquillo
1 tomate maduro
Hojas de albahaca
800 ml de agua
Aceite de oliva virgen
Sal marina
Pimienta

PREPARACIÓN

Lavar y remojar la cebada en un bol durante 20 minutos.

Cortar en trozos la cebolla y la zanahoria ya pelada. Saltearlas con dos cucharadas de aceite y el diente de ajo partido por la mitad. Añadir una pizca de sal.

Cortar el tomate en cubitos y agregarlo a la preparación; cocinar unos minutos y añadir la cebada y el pimiento del piquillo cortado en tiras.

Mezclar bien y cubrir con el agua, cocinar durante 30 minutos aproximadamente. Unos 10 minutos antes de finalizar la cocción se le pueden añadir las judías blancas.

Antes de servir, rectificar de sal y añadir la pimienta recién molida. Acompañar con unas hojas frescas de albahaca.

TIP
El agua de cebada hervida durante un minuto y colada actúa como reguladora y equilibrante intestinal.

Sopa de cuscús y verduras

La combinación de cuscús con verduras es siempre deliciosa y digestiva. Los tallos de brócoli (bimi) son muy suaves y tiernos.

PARA 4 PERSONAS

INGREDIENTES

100 g de cuscús
250 g de brotes de brócoli
1 zanahoria
150 g de judías verdes
1 cebolla
2 dientes de ajo
1 tomate

750 ml de agua o caldo de verduras
1 cdta. de harissa
1 pizca de comino
1 puñado de perejil o cilantro
Aceite de oliva virgen
Sal marina

PREPARACIÓN

Pelar y cortar la cebolla, y rehogar en una cacerola con los dientes de ajo fileteados, la zanahoria cortada en cubitos y un par de cucharadas de aceite de oliva. Añadir la harissa y el comino, y saltear un par de minutos.

Lavar los brotes tiernos de brócoli y añadir al salteado. Lavar y cortar finas las judías y agregarlas también al salteado junto al tomate cortado en cubitos. Cocinar a fuego lento 7 minutos.

Añadir el caldo de verduras caliente y cocinar durante 15 minutos a fuego medio. Verter en forma de lluvia el cuscús y apagar del fuego. Dejar reposar unos minutos hasta que el cuscús esté listo.

Agregar más caldo vegetal si hace falta y servir caliente con un puñado de perejil o cilantro picado.

TIP

Para que los tallos de brócoli o bimi estén más crujientes, puedes añadirlos junto con el cuscús.

Sopa de garbanzos y huevo

Un extra de proteínas para recuperar energía, con la chispa y el sabor del picante.

PARA 4 PERSONAS

INGREDIENTES

400 g de garbanzos cocidos
1 cebolla
2 dientes de ajo
1 zanahoria
1 rama de apio
1 tomate maduro
750 ml de caldo o agua
1 cdta. de sriracha (opcional)

Huevos bio
1 limón
Perejil
Rebanadas de pan
Aceite de oliva virgen
Sal marina
Pimienta

PREPARACIÓN

Cortar la cebolla, la zanahoria, el apio y el ajo, y rehogarlos en una cacerola con una cucharada de aceite 7 minutos.

Añadir el tomate, los garbanzos y la cucharadita de sriracha. Agregar después el caldo y cocinar a fuego lento durante 10 minutos. Sazonar.

Cocer los huevos en la misma cacerola o escalfarlos aparte y servir uno en cada plato.

Acompañar con un puñado de perejil picado y rebanadas de pan.

TIP

Puedes utilizar otra salsa picante a base de pimiento rojo, como el mojo, o simplemente añadir en el sofrito un trozo pequeño de chile fresco.

Sopa de yuca y tomate

La yuca es una raíz energética muy sabrosa que posee un almidón altamente digestivo y tiene muchas posibilidades en la cocina.

PARA 4 PERSONAS

INGREDIENTES

1 kg de yuca o mandioca
2 dientes de ajo
1 cebolla
1 tomate maduro
800 ml de agua
50 g de tomates secos
1 cda. de almendras o avellanas
Perejil
Aceite de oliva virgen
Sal marina
Pimienta

PREPARACIÓN

Pelar la yuca o la mandioca y cortarla en cubos. Reservar.

Saltear la cebolla cortada y el ajo en un poco de aceite unos minutos; añadir a continuación el tomate cortado en cubos y el tomate seco cortado en tiras.

Agregar la mandioca troceada, remover unos minutos para que se mezcle bien con el salteado, salar y verter agua hasta cubrir la preparación.

Cocinar a fuego no muy fuerte hasta que la yuca esté tierna, rectificar de sal y añadir pimienta recién molida. Servirla tal cual o triturar la sopa con la batidora o con el túrmix.

Servir con almendras o avellanas tostadas y picadas con un poco de perejil y ajo.

TIP

Cuando tritures la yuca o mandioca, en algunas ocasiones notarás que la consistencia es pegajosa. Comienza triturándola parcialmente para ver los resultados si quieres convertir esta sopa en crema.

Sopa de hummus

Una opción humeante de una de las salsas más deliciosas, con el contraste refrescante de la menta.

PARA 4 PERSONAS

INGREDIENTES

400 g de garbanzos cocidos
1 cebolla tierna
1 puerro
2 dientes de ajo
750 ml de agua
1 puñado de menta
1 pizca de comino
Sésamo (opcional)
4 rebanadas de pan tostado
1 cda. de tahini (pasta de sésamo)
Aceite de oliva virgen
Sal marina
Pimienta

PREPARACIÓN

Pelar y cortar la cebolla en cubitos y rehogarla en una cacerola con dos cucharadas de aceite, el comino, los ajos pelados y la sal.

Agregar los garbanzos escurridos, cubrir con el agua y cocinar unos 20 minutos.

Pasar por el túrmix o la licuadora con las hojas de menta y el tahini, rectificar de sal y añadir la pimienta.

Servir con rebanadas de pan tostado y semillas de sésamo por encima.

TIP

Para la versión fría de esta sopa solo es necesario que la dejes enfriar, la tritures con la menta, apenas un trocito de cebolla tierna y le añadas zumo de limón.

Sopa de trigo sarraceno y salvia

El trigo sarraceno es un cereal extremadamente rico en nutrientes, ácidos grasos saludables, digestivo y sobre todo un alimento muy energético que revitaliza rápidamente.

PARA 4 PERSONAS

INGREDIENTES

200 g de trigo sarraceno
2 tomates maduros
1 cebolla
1 zanahoria pequeña
1 tallo de apio pequeño
4 tazas de agua

1 diente de ajo
1 puñado de perejil
Hojas de salvia
Aceite de oliva virgen
Sal marina
Pimienta

PREPARACIÓN

Cortar la cebolla en trozos pequeños y saltearla durante 2 minutos en una cacerola con un par de cucharadas de aceite de oliva junto al diente de ajo fileteado.

Lavar, pelar y cortar la zanahoria y el apio en trozos pequeños, añadir rápidamente a la preparación y rehogar hasta que empiecen a cambiar de color. Sazonar.

Agregar el tomate rallado, remover bien, cocer unos minutos y cubrir con una taza de agua. Cocer unos 3-5 minutos, agregar el trigo sarraceno y unas tres hojas de salvia fresca. Mezclar bien y agregar más agua.

Cocinar a fuego lento, aunque no demasiado suave, el tiempo necesario para que el trigo sarraceno esté cocido, aproximadamente 35 minutos. Rectificar de agua y sal si es necesario.

Servir con perejil picado, unas gotas de aceite de oliva y pimienta recién molida.

TIP

Como base de esta sopa puedes utilizar otro cereal como la espelta, el kamut o el amaranto.

FRESCAS Y RÁPIDAS: SABOREA LO FÁCIL

Refrescantes y con verduras crudas, las sopas frías son la versión a sorbos de una ensalada donde puedes disfrutar, habiendo empleado poco tiempo en su preparación, de los alimentos en su estado original y con todas sus enzimas...

Sopa de almendras con albaricoque y tomate

Una sopa fría que sorprende con un sabor delicado, la energía que proporciona en un día de calor y lo fácil que es de hacer y combinar. Sabroso y nutritivo, e ideal para consumir en sopas, guisos o ensaladas.

PARA 4 PERSONAS

INGREDIENTES

250 g de almendras crudas
100 g de tomates cherry
2 albaricoques
1 l de agua
1 diente de ajo

2 cdas. de aceite de oliva virgen
1 toque de vinagre o limón (opcional)
Sal marina
Pimienta

PREPARACIÓN

Dejar en remojo las almendras y el diente de ajo durante 3 horas como mínimo o, incluso, durante toda la noche (en este caso, sin el ajo).

Hornear en una bandeja con papel vegetal los tomates y albaricoques a fuego muy suave, hasta que empiecen a sudar y cambiar de consistencia. Si no quieres encender el horno, utiliza una sartén y cocina estos alimentos como a la plancha, a fuego muy suave.

Triturar el resto de los ingredientes —las almendras, el ajo, el agua y el aceite de oliva— hasta obtener una consistencia cremosa. Agregar sal y pimienta, y el toque de limón o vinagre (opcional). Dejar enfriar en la nevera 1 hora como mínimo.

Servir muy fría en vasos pequeños y poner por encima un tomate cherry y medio albaricoque asado.

TIP

Es una receta típica de Andalucía, donde se llama «ajoblanco». Generalmente se sirve con virutas de jamón ibérico por encima.

Sopa de rúcula, pera y wasabi

Cuando se mezclan el sabor picante de la rúcula con la suavidad de la pera, el resultado es fresco y saludable.

PARA 4 PERSONAS

INGREDIENTES

200 g de rúcula
600 g de peras
1/2 pepino
1 pizca de wasabi
1 lima

400 ml de agua
2 cdas. de queso parmesano
Aceite de oliva
Sal marina

PREPARACIÓN

Lavar bien la rúcula y secarla. Lavar y pelar las peras, y rociarlas con media lima para que no se oxiden. Pelar el pepino y cortarlo.

Poner todos los ingredientes en la batidora y triturar hasta que quede una mezcla lo suficientemente homogénea.

Añadir sal, una cucharada de aceite de oliva y una pizca de wasabi.

Dependiendo de la cantidad de agua que contengan las peras, esta sopa podrá quedar más o menos densa. Agregar agua si fuese necesario y volver a licuar. Servir con las galletas de parmesano.

Para las galletas de parmesano:
En un papel vegetal o papel de aluminio, distribuir cucharadas pequeñas de queso parmesano rallado, intentando que tengan un poco de volumen.

Plegar el papel y aplastar el queso.

Hornear a 180 °C durante 5 minutos hasta que estén crujientes.

TIP
Si prefieres un sabor más intenso, añade un trozo pequeño de cebolla tierna poco a poco.

Sopa de aguacate

Es un prodigioso superalimento que aporta nutrientes, proteínas y ácidos grasos beneficiosos. Una sopa fría diferente para disfrutar a cualquier hora.

PARA 4 PERSONAS

INGREDIENTES

3 aguacates medianos
1 cebolla tierna pequeña
1 trozo de chile
1 pizca de jengibre
2 limas
9 tomates cherry
Hojas de endivias rojas (opcional)
500 ml de agua
Aceite de oliva
Sal marina

PREPARACIÓN

Pelar los aguacates y rociarlos con una de las limas para que no se oxiden.

Cortar la cebolla tierna y los tomates cherry en trozos pequeños y un trocito de chile, en función de la intensidad de picante que se desee.

Colocar todos los ingredientes en la batidora, añadir el agua, el zumo de una lima y el jengibre, y triturar. Agregar el aceite, la sal y volver a triturar.

El aguacate triturado es muy denso, por lo que es probable que sea necesario añadir más agua hasta obtener una consistencia más líquida.

Servir en boles y presentar con hojas de endivias rojas o verdes que le proporcionan un ligero sabor amargo y crujiente.

TIP

Para añadir un poco de crujiente y chispa puedes preparar la salsa pico de gallo mexicana: pica un tomate mediano, un trozo de cebolla tierna, cilantro, un diente de ajo, limón, sal y pimienta. Es perfecta para aderezar unas hojas de endivias o unos chips de maíz que pueden servir como acompañamiento a la crema.

Gazpacho de fresas

Una fórmula más afrutada de preparar un tradicional gazpacho, con el toque delicado de las fresas y un aporte extra de vitamina C.

PARA 4 PERSONAS

INGREDIENTES

700 g de tomates maduros
400 g de fresas
1/2 pepino
1/2 diente de ajo
1 trozo pequeño de cebolla tierna
30 g de pimiento rojo
30 g de miga de pan
500 ml de agua
2 cdas. de aceite de oliva virgen
Sal marina
Pimienta

PREPARACIÓN

Lavar y cortar en trozos el pimiento, la cebolla, las fresas, el pepino, la miga de pan, el ajo y los tomates.

Poner los ingredientes en la batidora, añadir la sal y el aceite, y triturar.

TIP

Para conseguir un gazpacho más fino, pásalo después de triturarlo por un colador fino o por el chino.

Gazpacho freestyle

Aunque siempre hay ingredientes constantes, una de las cualidades más interesantes de las sopas frías es la libertad de interpretación, por lo que dan pie a innumerables combinaciones.

PARA 4 PERSONAS

INGREDIENTES

4 tomates maduros
1/2 pepino
1/2 cebolla
3 hojas de kale
1/2 pimiento amarillo
1 zanahoria
1 trozo de hinojo
3 tazas de agua
Aceite de oliva virgen
Vinagre o 1 limón (el zumo)
Sal marina
Pimienta

PREPARACIÓN

Lavar y cortar todas las verduras. Pelar las zanahorias en tiras.

Poner todos los ingredientes en la batidora con una pizca de sal y un par de cucharadas de aceite. Triturar.

Rectificar de sal y añadir la pimienta. Darle un toque de vinagre o de zumo de limón si es necesario.

TIP

Puedes cambiar los ingredientes siempre que la combinación tenga un sabor equilibrado. Y añadir más agua de acuerdo a la consistencia que se desee.

Gazpacho clásico

Esta clásica sopa fría es un auténtico patrimonio culinario, que da mucho juego, despliegue de sabores y toda la fuerza de los vegetales crudos.

PARA 4 PERSONAS

INGREDIENTES

1 kg de tomates de pera maduros
1 pepino
1/2 cebolla roja pequeña
1/4 de pimiento rojo
1 diente de ajo
1 rebanada de pan
100 ml de aceite de oliva virgen
1 gota de vinagre
Sal marina
Pimienta

PREPARACIÓN

Lavar los tomates y el pimiento, y cortarlos en trozos pequeños. Pelar la cebolla y el pepino, y cortarlos también en dados y ponerlos en la batidora.

Añadir todos los ingredientes restantes —el pan y el ajo—, un poco de agua y triturar. Verter la cantidad de agua en función de la consistencia que se desee. Rectificar de sal y aceite, y agregar una pizca de pimienta.

Dejar reposar en la nevera 1 hora como mínimo antes de servir. Acompañar con verduras cortadas muy pequeñitas, hojas de albahaca o cubitos de pan salteados con ajo, perejil y comino.

TIP

Puedes dejar reposar previamente las verduras ya cortadas, con el aceite de oliva y un vaso de agua en un bol cubierto en la nevera un par de horas. De esta manera el sabor del gazpacho será más intenso.

Si el pimiento en crudo te resulta difícil de digerir, utiliza en sustitución un pimiento del piquillo o medio pimiento escalibado, que proporcionará un sabor más suave.

Sopa de zanahorias e hinojo

Refrescante, terapéutica y deliciosa. Esta es la sopa perfecta para los momentos calurosos o bajos de energía.

PARA 4 PERSONAS

INGREDIENTES

10 zanahorias
1 hinojo pequeño
1/2 rama de apio
1/4 de cebolla tierna
50 g de nueces de macadamia
Pan integral
Agua (opcional)
4 rebanadas de pan
Aceite aromatizado de cúrcuma
Aceite de oliva
Sal marina

PREPARACIÓN

Remojar las nueces de macadamia en un vaso de agua.

Lavar y cortar en trozos las zanahorias, y hacer un zumo con la licuadora.

Cortar el hinojo en trozos, la cebolla, la media rama de apio y reservar.

Poner todos los ingredientes en la batidora —el hinojo, la cebolla, el apio y las nueces— y agregar el zumo de zanahorias.

Triturar hasta que la mezcla quede homogénea y cremosa.

Aliñar con aceite y una pizca de sal. Servir con pan cortado en cubos pequeños y salteado con una pizca de aceite aromatizado con cúrcuma.

TIP

Añade poco a poco la cebolla y ve probando, para comprobar que no resulte muy fuerte de sabor. Añade el pan si es necesario para conseguir una crema fría más cremosa.

Sopa rápida de noodles y crudités

Ideal para improvisar una comida o simplemente llevar un plato completo al trabajo o a un pícnic. Una mezcla de divertidos sabores y texturas crujientes.

PARA 4 PERSONAS

INGREDIENTES

200 g de noodles de arroz
1 puñado de espinacas
1 puñado de col (opcional)
1 zanahoria
1/2 cebolla roja
1 calabacín
800 ml de caldo vegetal
1 cda. de salsa de soja o miso
Aceite de oliva
Sal marina
Pimienta

PREPARACIÓN

Pelar la zanahoria y cortarla en tiras con una mandolina. Hacer lo mismo con el calabacín. Limpiar y cortar las espinacas.

Rallar o cortar muy fina la col y la cebolla.

Disponer toda la verdura en un bol, un táper o un frasco y añadir la salsa de soja o el miso mezclada en un par de cucharadas de aceite de oliva.

Calentar el caldo vegetal, agregar los noodles ya cocinados o cocinarlos dentro del mismo caldo.

Cubrir las verduras con el caldo caliente y los noodles, y salpimentar.

TIP

En vez de noodles, puedes utilizar arroz o cuscús pre-cocinados.

Sopa rápida de espárragos blancos y almendras

Una crema rápida que le da otras posibilidades y juego a los deliciosos espárragos blancos.

PARA 4 PERSONAS

INGREDIENTES

1 bote (500 g) de espárragos blancos gruesos de calidad
40 g de almendras crudas
1/4 de hinojo
1 tomate seco en aceite
1/2 lima
1 huevo (opcional)
Aceite de oliva virgen
Sal en escamas
Pimienta

PREPARACIÓN

Poner las almendras en un bol con agua natural e hidratarlas hasta que se les pueda quitar fácilmente la piel.

Poner el bote de espárragos blancos (sin el líquido) en la batidora junto con las almendras, el trozo de hinojo limpio y el tomate seco cortado en tiras.

Triturar hasta obtener una consistencia cremosa, aliñar con una cucharada de aceite de oliva virgen, la sal y una pizca de lima. Volver a triturar. Si le hace falta líquido, se le puede añadir parte del líquido de la conserva de los espárragos o agua.

Antes de servir, añadir pimienta recién molida y acompañar con hebras de huevo, que previamente se habrá cocido, y perejil picado.

TIP

Deja en remojo por la noche las almendras (descartando el agua de remojo): es un recurso para tenerlas ya listas para improvisar una crema o para consumirlas activadas; de esta manera son mucho más digestivas y sus vitaminas y minerales se absorben con más facilidad.

Sopa veloz de raviolinis y espinacas

Un clásico italiano en versión rápida e impregnado de sabores frescos e intensos.

PARA 4 PERSONAS

INGREDIENTES

250 g de raviolinis
1 ajo
1 cda. de setas secas
5 tomates secos
1/2 paquete de espinacas baby
1 l de agua o caldo
Queso parmesano
Aceite de oliva
Sal marina
Pimienta

PREPARACIÓN

Hervir el agua o caldo en una cacerola con sal, el ajo y unas gotas de aceite. Agregar las setas secas y los tomates secos cortados en tiras. Bajar el fuego y cocinar durante 7 minutos.

Subir el fuego, agregar los raviolinis y cocinar hasta que estén al dente.

Servir en cada plato un puñado de espinacas, cubrir con el caldo y los raviolinis. Agregar parmesano rallado y pimienta.

TIP
Puedes sustituir las espinacas baby por rúcula u otra hoja verde como kale, col cortada en tiras.

SABOR A MAR: NAVEGA Y DISFRUTA

Los alimentos del mar son un clásico en las recetas de cuchara, sabores diferentes que otorgan a las sopas singularidad. Verduras, especias y un poco de chispa complementan a la perfección un plato sencillo e irresistible.

Sopa de almejas, patata y alubias

Una combinación deliciosa con sello italiano y con el sabor único de las almejas salvajes.

PARA 4 PERSONAS

INGREDIENTES

200 g de alubias blancas
700 g de almejas salvajes
1 patata
7 tomates cherry
2 dientes de ajo
1 puñado de perejil
1 pizca de pimentón
600 ml de caldo
Aceite de oliva
Sal marina
Pimienta

PREPARACIÓN

Limpiar las almejas, colocarlas en un bol con agua fría y una cucharadita de sal, y dejarlas en remojo durante 15-20 minutos: de esta manera se evita que pueda quedar arena en su interior.

Pelar y picar los dientes de ajo y el puñado de perejil, sofreír con un par de cucharadas de aceite en una cacerola y añadir las almejas. Remover, tapar y cocinar hasta que estén abiertas. En el mismo jugo de cocción agregar una pizca de pimentón y sal.

Agregar los tomates cherry cortados por la mitad y las patatas peladas cortadas en cubos muy pequeños. Cocinar a fuego suave 10 minutos y añadir las alubias blancas ya cocidas.

Cubrir con caldo y cocinar hasta que las patatas estén tiernas. Servir con perejil picado y una pizca de pimentón en cada plato.

TIP
Puedes sustituir la patata por boniato o calabaza.

Sopa de calamares, hinojo y naranja

Los calamares son ricos en proteínas, ligeros y sumamente versátiles en la cocina.

PARA 4 PERSONAS

INGREDIENTES

400 g de calamares limpios
1 cebolla tierna
1 zanahoria
1 chirivía
1 calabacín
1 hinojo pequeño
1 naranja

3 hebras de azafrán
1 tomate escalivado
700 ml de caldo o fumet de pescado
1/2 vaso de vino
Aceite de oliva
Sal marina

PREPARACIÓN

Lavar y cortar en trozos pequeños la cebolla, la chirivía, el calabacín, el hinojo y la zanahoria. Saltear en una cacerola con un chorro de aceite, las hebras de azafrán y la ralladura de la naranja. Rehogar a fuego suave durante 15 minutos.

Añadir el tomate escalivado, el vino y el zumo de naranja. Cocinar un par de minutos.

Agregar el caldo, llevar a ebullición, bajar el fuego y cocinar durante otros 15 minutos más.

Marcar los calamares enteros con cortes superficiales para evitar que se encojan en la cocción. Hacerlos a la plancha con una pizca de sal, ajo fileteado y pimienta.

Servir cada ración de sopa con un calamar por encima.

TIP

Si no puedes escalivar el tomate, cocínalo a la plancha a fuego suave.

Sopa de mejillones picantes

Al combinar el sabor de los mejillones con la chispa del chile y el vino blanco se consiguen muy interesantes matices.

PARA 4 PERSONAS

INGREDIENTES

1 kg de mejillones
3 dientes de ajo
7 tomates cherry
1 chile fresco
1 cdta. de pimentón
1 puñado de perejil
50 ml de vino blanco

2 cdas. de nata ligera
800 ml de caldo de pescado
4 rebanadas de pan
1 cda. de pasta de olivas (olivada)
Aceite de oliva
Sal marina

PREPARACIÓN

Limpiar y enjuagar bien los mejillones con agua fría. Utilizar un cuchillo de tipo puntilla para quitarles las barbas y descartar los que no están bien cerrados.

En una cazuela poner los dientes de ajo machacados, el pimentón, el chile picado, el perejil, la sal y saltear hasta que los ajos empiecen a dorarse. Añadir el tomate y saltear 5 minutos.

Incorporar los mejillones, mezclar bien con el sofrito, añadir el vino y tapar. Cuando comienzan a abrirse, agregar el caldo y cocinar hasta que estén los sabores bien ligados. Rectificar de sal y, por último, añadir la nata líquida.

Servir con perejil picado y unas rebanadas de pan tostado con pasta de olivas.

TIP

Puedes sustituir la nata líquida por leche de coco para darle un sabor diferente o, simplemente, no incorporarla e ir añadiendo en su lugar un poco más de caldo.

Sopa de noodles y gambas

Sabor oriental con detalles mediterráneos hacen de esta sopa un plato festivo y delicioso.

PARA 4 PERSONAS

INGREDIENTES

12 gambas
1 cebolla
2 dientes de ajo
2 tomates maduros
200 g de noodles de arroz integral
750 ml de agua o caldo
5 g de jengibre

1 puñado de cilantro
1 trocito de chile fresco
1 lima
Aceite de oliva
Sal marina
Pimienta

PREPARACIÓN

Cortar la cebolla en daditos, picar el ajo y el trozo pequeño de chile. Saltear el conjunto en una cacerola con una cucharada de aceite de oliva durante unos minutos.

Añadir el jengibre y remover 1 minuto. Lavar y cortar el tomate en cuadraditos y añadirlo a la preparación, sazonar y saltear unos 10 minutos.

Agregar las gambas y cocinar unos 5 minutos; se les puede quitar la cabeza y sofreírlas aparte y añadir posteriormente el jugo a la preparación o, simplemente, utilizarlas enteras.

Añadir el agua, mezclar bien y, cuando el líquido añadido esté bien caliente, agregar los noodles. Dejarlos cocinar el tiempo que indica el envase o hasta que estén al dente.

Antes de servir, agregar un poco de cilantro picado y un poco de lima.

TIP

Sírvela con una guarnición fresca de guacamole, dado que combina a las mil maravillas con este plato.

Sopa de pescado

Una sopa de pescado humeante en la mesa es una tentación para todos los sentidos.

PARA 4 PERSONAS

INGREDIENTES

4 pescados de roca pequeños
250 g de mejillones
1 calamar
200 g de galeras
6 gambas
300 g de tomates cherry
1 chile fresco (opcional)

1 diente de ajo
1 cebolla
700 ml de agua
Pan
Perejil
Aceite de oliva virgen
Sal marina

PREPARACIÓN

Picar el ajo, cortar la cebolla y la pizca de chile. Saltear en una cacerola con un par de cucharadas de aceite de oliva.

Cortar los tomates por la mitad y añadir a la preparación; rehogar unos 20 minutos con medio vaso de agua. Sazonar.

Cortar el pescado y el calamar en trozos e incorporarlos a la cacerola. Cubrir con un poco de agua y añadir unas hojas de perejil.

Agregar las galeras, las gambas y los mejillones previamente lavados (las barbas de los mejillones, además, deben haber sido eliminadas con anterioridad). Agregar una cucharada de aceite de oliva y dejar cocinar unos 15-20 minutos más.

Servir con pan tostado frotado con ajo y aceite de oliva.

TIP

A partir de la preparación base puedes cambiar el pescado por salmonetes, rape, merluza o alguno que pueda utilizarse en una sopa.

PARA EMPEZAR EL DÍA: DESPERTAR CREATIVO

Por las mañanas el cuerpo está más receptivo, el sistema digestivo ha descansado y con ganas de recibir lo mejor de los alimentos. El desayuno te prepara para ponerte en marcha, mejorar el humor, tener menos antojos o estar más concentrados... Un momento placentero para empezar el día con imaginación, buenos ingredientes y un poco de tiempo para preparar lo que, sin duda, puede ser lo mejor de la mañana.

Sopa de arándanos azules y yogur

Un desayuno tonificante y con los beneficios antibacterianos y antiaging de esta poderosa baya.

PARA 4 PERSONAS

INGREDIENTES

2 tazas de arándanos azules
1 kiwi
1 melocotón
300 g de yogur líquido natural
1 cucharada de almendras
1 cda. de cacao crudo en polvo
1 cda. de copos de avena finos
1/2 vaso de zumo de manzana

PREPARACIÓN

Mezclar en un bol el yogur con el zumo de manzana.

Pelar y cortar la fruta en trozos, y partir los arándanos por la mitad.

Montar cada bol por separado, añadir la fruta y espolvorear por encima el resto de los ingredientes: almendras, cacao y avena.

Servir con pan tostado frotado con ajo y aceite de oliva.

TIP

Utiliza cualquier otro zumo natural para diluir el yogur y darle una consistencia más líquida.

Sopa de coco y té matcha

El té matcha es perfecto para el desayuno. Alcaliniza, desintoxica y activa el metabolismo con delicadeza. Junto a las cualidades isotónicas del agua de coco, obra maravillas.

PARA 4 PERSONAS

INGREDIENTES
2 vasos de agua de coco
1 cdta. de té matcha
1 cda. de semillas de cáñamo peladas
1 cda. de nueces pecanas
1 cdta. de semillas de lino molidas (opcional)
150 g de frambuesas
Miel o sirope de agave

PREPARACIÓN
Mezclar en la batidora el agua de coco, las semillas de cáñamo peladas y el té matcha, y triturar hasta que quede una consistencia homogénea. Añadir una cucharadita de miel o sirope de agave si el dulzor no es suficiente.

Servir en boles y espolvorear por encima las nueces, las semillas y las frambuesas abiertas por la mitad y ¡a disfrutar del día!

TIP
Tienes que emulsionar bien el té matcha, ya que no se diluye con facilidad en el líquido.

Sopa de frutas y té verde

Los antioxidantes del té verde, las vitaminas y el color de las frutas son una combinación casi perfecta para comenzar el día.

PARA 4 PERSONAS

INGREDIENTES

1 manzana
1 pera
200 g de fresas
500 ml de infusión de té verde
1 cdta. de sirope de agave o miel
1 pizca de jengibre fresco
1 limón
Hojas de menta

PREPARACIÓN

Calentar el agua justo antes de que comience a hervir. Ponerla en la tetera con el té verde y el jengibre e infusionar unos 7 minutos. Colar y añadir el sirope o la miel.

Pelar y cortar las frutas en cubitos, rociarlas con un poco de limón para que no oscurezcan.

Ponerlas en cada bol y cubrirlas con el té a temperatura ambiente o frío, y añadir unas hojas de menta.

TIP

Puedes sustituir el té verde por un té de frutos rojos o el té kombucha, una bebida repleta de probióticos y muy energética.

Sopa de yogur y zumo de uvas

Una opción para desayunar energía, colores y texturas crujientes con todos los beneficios de las uvas.

PARA 4 PERSONAS

INGREDIENTES

250 ml de yogur o kéfir
200 ml de zumo de uva bio
1 taza de uvas negras
1 cda. de bayas de goji
2 cdas. de copos de amaranto inflados
1 cda. de pasas de uva
1 cda. de piñones

PREPARACIÓN

Mezclar en un recipiente el yogur o el kéfir con el zumo de uva bio.

Disponer en boles o platos y agregar por encima las bayas de goji, los copos de amaranto, los piñones, las pasas de uva y trozos de uva fresca.

TIP

El zumo de uva negra es un poderoso *antiaging* gracias a su contenido en resveratrol, un antioxidante que protege contra el envejecimiento y disminuye el estrés.

Sopa de kéfir y zanahoria

Un auténtico desayuno medicinal, con ingredientes regeneradores, repletos de vitaminas para comenzar el día con alegría.

PARA 4 PERSONAS

INGREDIENTES
300 ml de kéfir
200 ml de zumo de zanahorias
200 g de fresas
1 mango
1 puñado de coco deshidratado
2 cdas. de semillas de chía
Hojas de menta
1 cdta. de miel o sirope de agave

PREPARACIÓN
Mezclar en un recipiente el kéfir con el zumo de zanahorias. Servir en boles.

Añadir en cada ración, la fruta cortada en rodajitas finas y espolvorear las semillas de chía, el coco deshidratado y las hojas de menta.

Si no tomas lácteos, esta sopa se puede preparar mezclando el zumo de zanahorias con kéfir de agua o yogur de soja bio.

TIP
Tanto la zanahoria como el kéfir son alimentos protectores de la mucosa intestinal.

DULCES: TENTACIONES CON CUCHARA

Sopa de chocolate y frutos rojos

Una combinación explosiva de chocolate negro y almendras energéticas para sumergir los frutos rojos.

PARA 4 PERSONAS

INGREDIENTES

250 g de chocolate negro
4 tazas de leche de almendras
1 pizca de jengibre fresco
1 cda. de azúcar integral o sirope de ágave
1 cdita. de fécula de maíz (opcional)
Granos de pimienta rosa
1 taza de moras
1 taza de arándanos
1 taza de fresas
Palitos para brochetas

PREPARACIÓN

Poner la leche de almendras en una cacerola y calentarla con la pizca de jengibre fresco y unos granos de pimienta rosa. Antes de que hierva bajar el fuego.

Picar muy fino el chocolate y añadirlo a la leche removiendo constantemente hasta que quede bien ligado. Añadir el azúcar integral o el sirope de ágave poco a poco, de acuerdo a la intensidad de dulce deseada.

Si la consistencia es demasiado líquida, diluir una cucharadita de fécula de maíz en un poco de agua y añadir al chocolate.

Lavar los frutos rojos, secarlos y preparar brochetas: servir cada ración de la sopa con un par de brochetas de fruta.

TIP

También puedes derretir el chocolate al baño María fuera del fuego y añadirlo a la leche de almendras poco a poco.

Sopa de peras al vino y helado de yogur

Un maridaje clásico e irresistible al que se le suma el aporte cremoso y digestivo del yogur y la vainilla.

PARA 4 PERSONAS

INGREDIENTES
4 peras
350 ml de vino tinto
30 g de azúcar moreno
1/2 vaina de vainilla
1 limón
1 vaso de infusión de melisa o agua
250 g de helado de yogur natural artesano
1 cda. de flores comestibles
Pimienta negra

PREPARACIÓN
Poner el vino, el azúcar, la vainilla y una pizca de pimienta negra recién molida en una cacerola, llevarlo a ebullición y bajar el fuego.

Pelar las peras, cortarlas en cuartos y rociarlas ligeramente con limón. Introducirlas en la cacerola, tapar y dejarlas cocer unos 15 minutos: tienen que quedar lo suficientemente cubiertas para que el vino pueda empaparlas bien.

Si hace falta líquido, añadir un poco de agua o una infusión de melisa, que enriquecerá su sabor y le dará un perfume especial. Cocinar hasta que estén al dente.

Dejar enfriar y servir en un plato hondo con una cucharada de helado de yogur y pétalos de flores.

TIP
Puedes sustituir las peras por melocotones de viña, cuyas suavidad y consistencia son parecidas.

Sopa de piña y papaya

Un auténtico festival de enzimas refrescantes y rejuvenecedoras de la piel con todo el sabor del trópico.

PARA 4 PERSONAS

INGREDIENTES

1 piña madura
1 papaya madura
1 lima
200 ml de agua de coco

PREPARACIÓN

Pelar la piña y la papaya, y cortarlas en cubos.

Licuarlas junto con el agua de coco y el jugo de media lima hasta que quede una consistencia cremosa. Añadir más agua si se desea más líquida.

Si no tienes agua de coco, puedes añadir el jugo de una taza de coco rallado remojado.

TIP

Como postre, es mejor que la sirvas después de una comida ligera.

Sopa de arándanos y mascarpone

Una sopa increíble por su sabor, color y originalidad: un resultado sorprendente que hace brillar aún más a los arándanos.

PARA 4 PERSONAS

INGREDIENTES
500 g de arándanos azules
200 g de queso mascarpone
1 cda. de miel
2 tazas de agua
1/2 limón (corteza)
1 lima (la ralladura)
1/2 rama de canela
Hojas de menta

PREPARACIÓN
Lavar los arándanos, ponerlos en una cacerola con la canela, la miel, el agua y un trozo de la corteza del limón. Si prefieres, puedes utilizar azúcar moreno en vez de miel.

Cuando comience a hervir, bajar rápidamente el fuego y cocinar unos minutos más hasta que los arándanos empiecen a deshacerse, la mezcla se espese y quede más melosa.

Mezclar y batir bien el queso mascarpone con las hojas de menta picadas y la ralladura de lima si prefieres darle un toque más cítrico. Enfriar en la nevera.

Servir la sopa fría o a temperatura ambiente con una cucharada pequeña de mascarpone y menta.

TIP
Esta misma receta puedes hacerla con cerezas y añadir un poco menos de miel, dependiendo del dulzor de la fruta.

Sopa de coco, granada y amaretti

Una sopa dulce y cremosa que se puede tomar fría o a temperatura ambiente con ingredientes frescos, crujientes y curiosos.

PARA 4 PERSONAS

INGREDIENTES

1 1/2 taza de leche de coco
1 taza de agua
1 cda. de tapioca
1 granada
9 amaretti
1 cda. de miel
1 cda. de chocolate negro rallado
1 cda. de zumo de lima
1 lima (la piel)

PREPARACIÓN

Calentar la leche de coco y el agua con la piel de lima en una cacerola pequeña. Cuando empiece a hervir, bajar el fuego y añadir poco a poco la tapioca, la miel y la cucharada de zumo de lima. Remover suavemente hasta que la tapioca esté cocinada. Dejar enfriar.

Si la consistencia queda muy espesa, agregar un poco de leche vegetal.

Cortar la granada por la mitad y quitar los granos golpeando su capa exterior con el palo de un mortero o la empuñadura de un cuchillo grueso.

Servir la sopa de coco en platos o boles pequeños y añadir por encima los amaretti desmenuzados, los granos de la granada y el chocolate rallado.

TIP

La tapioca es un almidón muy beneficioso obtenido de la yuca o mandioca, poco calórico y muy saciante.

Sopa de fresas y coco

Las fresas tienen un alto contenido en vitamina C, por lo que cuidan muchísimo la piel y especialmente la mucosa bucal. La leche de coco unifica y proporciona cremosidad a esta preparación.

PARA 4 PERSONAS

INGREDIENTES
700 g de fresas
1 lima o limón (el zumo)
1 cdta. de lúcuma
150 ml de leche de coco ligera
2 cdas. de fresitas deshidratadas

PREPARACIÓN
Lavar bien las fresas, cortarlas por la mitad y rociar con el zumo de lima o limón: esto ayudará a que suelten su jugo y no se oxiden.

Pasarlas por la batidora, primero solas y luego con la leche de coco. Añadir después la cucharada de lúcuma. Volver a licuar y guardar en la nevera hasta servirla.

Servir con fresitas deshidratadas.

TIP
Puedes agregar leche vegetal o yogur líquido o agua para obtener una consistencia más líquida o, incluso, para sustituir la leche de coco.

Sopa de mango y yogur

Los mangos son muy digestivos, dan energía y siempre añaden belleza y sabor a los platos. ¡A disfrutarlos!

PARA 4 PERSONAS

INGREDIENTES
2 mangos medianos
1 cda. de leche de coco en polvo
300 ml de yogur natural o kéfir
1 lima (el zumo)
Germinados de anís u hojas de menta

PREPARACIÓN
Pelar los mangos, cortarlos y rociarlos ligeramente con un poco de lima.

En una batidora poner el yogur y el mango, licuar hasta que quede cremoso, añadir la leche de coco en polvo y volver a mezclar bien.

Servir con germinados de anís u hojas de menta cortadas.

TIP
Puedes sustituir los lácteos por yogur vegetal o agua de coco.

SOPAS DEL MUNDO: VIAJAR EN UN BOL

Sopas típicas de diversas partes del mundo en versión ligera: platos coloridos y divertidos con sabores que inspiran a hacerlas propias casi cada día.

Caldo dashi

Es el caldo base de la cocina japonesa. Su ingrediente principal es el alga kombu y la que aporta el sabor necesario para potenciar los ingredientes con los que posteriormente se combina. Al dashi también se le agrega katsuobushi, unas escamas de bonito fermentado y seco.

PARA 4 PERSONAS

INGREDIENTES
1 l de agua
20 g de alga kombu
25 g de katsuobushi

PREPARACIÓN
Poner el agua en una cacerola, sumergir el trozo de alga kombu, dejando que el agua y el alga se calienten al mismo tiempo.

Cocinar a fuego suave durante 1 hora, sin sobrepasar los 65 °C de temperatura, ya que si hierve el caldo tendrá un sabor amargo.

Retirar el alga, colar y añadir las escamas de bonito en la olla.

Continuar la cocción a temperatura un poco más alta sin sobrepasar los 85 °C de temperatura y esperar que los copos de bonito queden abajo. Dejar reposar un par de minutos fuera del fuego y colar.

Se puede guardar en la nevera durante dos o tres días, o congelarlo.

TIP
Cuando retires el alga, puedes conservarla tal cual, sin añadir las escamas de bonito. Este caldo se utiliza en todo tipo de preparaciones, verduras, salsas, tempuras o tallarines. El dashi de alga kombu se utiliza para curar el pescado o marisco.

Sopa de maíz y curry

Ligeramente dulce, picante y de sabor diferente, la sopa de maíz es un plato muy habitual en la India y un descubrimiento para repetir.

PARA 4 PERSONAS

INGREDIENTES

350 g de maíz dulce orgánico
2 cebollas
1 diente de ajo
1 lima o limón
1 trozo de chile fresco
1/2 pimiento rojo

1 cdta. de curry
750 ml de caldo vegetal o aguacate
Cilantro o perejil
Pan naan
Aceite de oliva virgen
Sal marina

PREPARACIÓN

Cortar las cebollas finas y saltearlas con dos cucharadas de aceite junto al pimiento rojo cortado en trozos pequeños, el ajo, el trocito de chile picado y la sal.

Rehogar hasta que empiece a cambiar de color e incorporar el maíz. Mezclar bien y cubrir con el caldo vegetal. Cocinar unos 20 minutos aproximadamente.

Pasar por la batidora o el túrmix y luego volver a calentar a fuego muy suave.

Servir con trozos de pimiento rojo cortado muy fino, perejil o cilantro picado y pan naan tostado.

TIP

También puedes acabar esta sopa añadiendo una cucharada de yogur o crema agria.

Sopa de tirabeques, alcachofas y curry verde

Un sabor típico de Tailandia, el curry verde, en versión vegetariana. Los tirabeques, también llamados "pois gourmand", son muy ligeros, dulces y crujientes, y combinan deliciosamente con el curry.

PARA 4 PERSONAS

INGREDIENTES

200 g de tirabeques
4 alcachofas
4 espárragos blancos
1 cebolla
1 cdta. de jengibre fresco rallado
1 cda. de pasta de curry verde tailandés

4 tazas de caldo de verduras
200 ml de leche de coco
1 limón (el zumo)
Aceite de girasol
Sal marina

PREPARACIÓN

Pelar y cortar la alcachofa en cuartos y remojarla en agua con limón para que no se oxide. Pelar y laminar las puntas de los espárragos y reservar (guardar la parte que no se utiliza para otra preparación).

Disolver y rehogar en una cacerola con una cucharada de aceite de girasol la cucharada de curry verde, el jengibre y la cebolla cortada en trozos pequeños.

Añadir el caldo de verduras y la leche de coco con una pizca de sal. Mezclar bien, llevar a ebullición y, entonces, bajar el fuego. Añadir las alcachofas y los espárragos y cocinar a fuego lento durante 7 minutos.

Agregar los tirabeques y mantener el fuego lento unos minutos más: los tirabeques deben quedar muy brillantes y crujientes.

TIP
Puedes añadir tiras de tofu a la plancha al servirla.

Sopa goulash

Un plato tradicional de Hungría en su versión sopa. Ideal para una comida ocasional, festiva, incorpora el adictivo atractivo de las especias.

PARA 4 PERSONAS

INGREDIENTES

500 g de carne de ternera bio cortada en cubitos
2 cebollas
2 dientes de ajo
1 rama de canela
1 trozo de jengibre fresco
1 cda. de comino en grano
10 ml de vino tinto
200 g de tomate troceado
1 cdta. de concentrado de tomate

750 ml de agua o caldo de verduras
200 g de ñoquis de patata o calabaza
1 puñado de perejil
1 pizca de pimentón
1 hoja de laurel
Aceite de oliva
Sal marina
Pimienta

PREPARACIÓN

Cortar la cebolla y el ajo, y rehogarlos a fuego suave en una cacerola con una cucharada de aceite. Cuando empiezan a dorarse ligeramente, apagar el fuego y añadir el jengibre en trocitos, la sal, la canela, el comino y el pimentón. Remover para que las especias se empapen en la cebolla.

Añadir los trozos de ternera y mezclar bien. Volver a encender el fuego, y mantenerlo a baja temperatura durante 20 minutos. Añadir el vino tinto y dejar que reduzca otros 15 minutos aproximadamente. Rectificar de sal y pimienta.

Incorporar el tomate cortado y el concentrado de tomate, cuando el vino se haya evaporado. Remover y mantener a fuego lento durante 60 minutos o más. Para evitar que se pegue, añadir un poco de agua.

Añadir el caldo o el agua y cocinar otros 20 minutos. Se pueden incorporar los ñoquis y cocerlos en el mismo caldo o hervirlos aparte y agregarlos directamente a la preparación.

Servir con ajo y perejil picado, y caldo caliente aparte (esto último, para quienes lo quieran más jugoso). Esta receta se sirve tradicionalmente con una cucharada de yogur o crema fría en cada plato.

TIP

La preparación requiere de tu paciencia, el ingrediente imprescindible para que la carne quede lo suficientemente melosa e impregnada de los intensos sabores de las especias. Es un plato muy intenso que agradece una buena mezcla de hierbas digestivas al final.

Sopa de lentejas rojas

Una versión del dhal, un plato típico de la India, sensacional y muy fácil de preparar. Repleta de sabores y con todos los beneficios de las lentejas rojas.

PARA 4 PERSONAS

INGREDIENTES

200 g de lentejas rojas (coral)
200 g de calabaza
1 diente de ajo
1 cebolla
2 tomates maduros
1 cdta. de garam masala
1 pizca de cúrcuma

1 pizca de comino
1 cdta. de jengibre rallado
1 hoja de laurel
1 l de agua
Hojas de albahaca
Aceite de oliva
Sal marina

PREPARACIÓN

Pelar y cortar las cebollas en trocitos pequeños, rehogarla en una cacerola con el diente de ajo y un par de cucharadas de aceite de oliva.

Cuando la cebolla esté blanda y apenas dorada, añadir las especias y la sal. Remover unos segundos.

Incorporar los tomates pelados y cortados en trozos pequeños, remover y añadir también la calabaza cortada y las lentejas previamente lavadas. Mezclar bien unos segundos y añadir el agua o caldo. Tapar.

Llevar a ebullición e inmediatamente bajar el fuego, y esperar a que las lentejas estén cocidas. Quitar la hoja de laurel.

Servirla tal cual o triturarla en la batidora parcialmente. Espolvorear albahaca picada en cada plato.

TIP

Las lentejas rojas son de muy fácil digestión, rápidas de hacer y no necesitan remojo. Incorpóralas a otras sopas para conseguir nutrientes y consistencia.

Sopa de frijoles negros

Plato tradicional tanto en México como en Cuba, esta sopa es todo un descubrimiento: los frijoles negros son muy saludables, especiales y con un montón de sabor.

PARA 4 PERSONAS

INGREDIENTES

350 g de frijoles negros
1/2 puerro
1 cebolla roja
3 dientes de ajo
200 g de tomates cherry
1 cda. de comino
1 cdta. de chile jalapeño (opcional)
700 ml de caldo de verduras

1 puñado de perejil
1 limón o lima (el zumo)
Aguacate (para el topping*)*
Aceite de oliva
Sal marina
Pimienta fresca
Sal marina

PREPARACIÓN

Remojar los frijoles negros durante 8 horas. Cocer con media cebolla, un tomate pequeño, sal y unas gotas de aceite de oliva. Llevar a ebullición, bajar de inmediato el fuego y cocinarlos durante 45 minutos aproximadamente hasta que estén tiernos.

Cortar la cebolla y el puerro, picar los dientes de ajo y rehogarlos en una sartén con un poco de aceite, sal, comino y chile. Agregar los tomates cherry cortados por la mitad.

Añadir el salteado a la cacerola con los frijoles, echar el caldo de verduras y mantener a fuego suave unos 20 minutos más. Rectificar de sal y añadir pimienta fresca.

Servir con perejil picado y un chorro de zumo de limón o lima.

TIP

Un *topping* de aguacate cortado en cubitos con un poco de limón le da un toque muy fresco a esta sopa.

Sopa de pasta y fagioli

Tradición italiana, ingredientes simples y energéticos.
Una sopa irresistible en toda regla.

PARA 4 PERSONAS

INGREDIENTES

300 g de judías blancas pequeñas
1 cebolla
2 dientes de ajo
1 zanahoria
250 g de tomates cherry en rama
1 cdta. de concentrado de tomate
200 g de pasta tipo Mafalda u otra más fina

1 puñado de perejil
Hojas de salvia fresca
Aceite de albahaca (opcional)
Aceite de oliva
Sal marina
Pimienta

PREPARACIÓN

Remojar las judías blancas durante 8 horas.

Pelar y cortar la cebolla y la zanahoria en trocitos pequeños, rehogar
ligeramente en una sartén con un diente de ajo picado.

Pasar el salteado a la cacerola, donde se cocinarán las judías. Cubrir con
suficiente agua y cocinar durante 45 minutos aproximadamente, hasta
que la legumbre esté cocida.

Añadir un poco más de agua, llevar a ebullición, añadir la pasta y cocinarla
el tiempo recomendado.

Servir con el diente de ajo restante y el perejil picado, y unas gotas de aceite
de albahaca y hojas de salvia fresca.

TIP

Si optas por una
versión más tra-
dicional de este
plato, sofríe 75 g de
panceta fresca junto
a la cebolla, tritura
las judías blancas,
añade más agua y
cuece la pasta en
esta crema.

Chorba

Receta tunecina de una sopa tradicional y todo un símbolo de la cocina de Argelia. Sustanciosa y deliciosa, un plato para compartir los días fríos.

PARA 4 PERSONAS

INGREDIENTES

1 cebolla
2 ramas de apio
250 g de garbanzos cocidos
500 g de cordero bio desgrasado
2 cdas. de tomate concentrado
1 cdta. de harissa
1 limón

1 puñado de perejil
1 puñado de cilantro
1 yema de huevo
Aceite de oliva
1½ l de agua
Sal marina
Pimienta

PREPARACIÓN

Saltear la cebolla picada en una cacerola con dos cucharadas de aceite de oliva.

Añadir al salteado la carne de cordero cortada en cubos medianos, sazonar y añadir pimienta recién molida. Rehogar 15 minutos.

Agregar el agua y llevar a ebullición, luego bajar el fuego y añadir el apio cortado en trozos finos, un puñado de perejil, las dos cucharadas de tomate concentrado y la cucharadita de harissa.

Mantener a fuego medio hasta que la carne esté muy tierna. Ir agregando agua para mantener la preparación cubierta.

Agregar los garbanzos y cocinar otros 3 minutos a fuego lento.

Añadir antes de servir, la mezcla del zumo de limón, el cilantro picado y la yema de huevo.

TIP

Acompaña el final de esta sopa con una infusión de menta o hierbas digestivas con limón.

Sopa de kimchi y tofu

El kimchi jjigae es un plato típico de la cocina coreana que tiene como base un fermentado, el kimchi, que suele combinarse con arroz y forma parte de ensaladas, bocadillos o sopas. Picante y beneficioso para la salud.

PARA 4 PERSONAS

INGREDIENTES

1 tofu sedoso
1 cebolla
2 cebollas tiernas
3 dientes de ajo
1 taza de kimchi
1/2 taza de jugo de kimchi
750 ml de agua o caldo
1 cdta. de jengibre rallado

1 cda. de salsa de soja
1 cda. de pasta de pimiento rojo (gochujan)
1 cdta. de hojuelas de pimiento rojo (gochugaru)
1 cdta. de aceite de sésamo
1 cda. de sésamo
Aceite de oliva
Sal marina
Pimienta

PREPARACIÓN

En una cacerola, con dos cucharadas de aceite de oliva, añadir la cebolla cortada en trozos pequeños hasta que cambien de color. Cocinar a fuego suave unos 7 minutos más. Agregar la sal.

Añadir la pasta de pimiento rojo y las hojuelas de pimiento, remover e incorporar el kimchi. Mezclar bien y rehogar unos minutos.

Incorporar el agua o el caldo y el jugo del kimchi. Justo antes de que comience a hervir, bajar el fuego y cocinar durante 15- 20 minutos.

Antes de acabar la cocción agregar el tofu cortado en dados o en tiras. Al retirar del fuego, añadir la cebolla tierna cortada en tiras, sobre todo, su tallo verde.

Servir con una pizca de sésamo por encima y acompañar con arroz aparte.

TIP

En la versión original del kimchi jjigae, se utiliza panceta macerada en el rehogado de la cebolla y, a veces, se sirve con un huevo escalfado en la misma sopa.

Sopa tailandesa tom kha kai

Tradicional y deliciosa sopa tailandesa que incorpora ingredientes aromáticos imprescindibles de esta cocina como las hojas de lima kaffir y la hierba de limón.

PARA 4 PERSONAS

INGREDIENTES

400 g de pescado blanco en trozos (merluza, rape, mero…)
75 g de setas shiitake o champiñones
70 ml de leche de coco
750 ml de caldo de pollo o vegetal
7 hojas de lima kaffir
1 -2 tallos de hierba de limón fresca
2 limas

1 zanahoria rallada
1 cda. de salsa de pescado (nam pla)
1 puñado de cilantro
1 trozo de jengibre
1/2 chile
Aceite de oliva
Sal marina

PREPARACIÓN

Cortar la hierba de limón en trozos y aplastarla ligeramente, cortar el jengibre, el trozo de chile y el ajo. Ponerlos en una cacerola con el caldo y las hojas de lima kaffir. Llevar a ebullición y, entonces, bajar el fuego y cocinar durante unos 10 minutos. Sazonar.

Añadir el pescado y quitar los trozos de hierba de limón y las hojas de kaffir. Mezclar suavemente y cocinar a fuego suave unos minutos.

Añadir los shiitakes cortados en cuartos (pueden saltearse previamente con un poco de aceite de oliva) y cocinar unos 20 minutos aproximadamente.

Agregar la leche de coco y la cucharada de salsa de pescado. Cocinar un par de minutos más a fuego bajo.

Servir con un poco de chile picado, cilantro y rodajas de lima.

TIP

Si se desea, se pueden añadir gambas a la receta, que en su versión original se elabora con pollo.